Literare Books
INTERNATIONAL
BRASIL · EUROPA · USA · JAPÃO

COORDENAÇÃO EDITORIAL
IARA LUISA MASTINE
LORRAINE THOMAS
MAURICIO SITA

Coaching para pais

ESTRATÉGIAS E FERRAMENTAS PARA PROMOVER A HARMONIA FAMILIAR

Coaching para pais

ESTRATÉGIAS E FERRAMENTAS PARA PROMOVER A HARMONIA FAMILIAR

Copyright© 2017 by Literare Books International.
Todos os direitos desta edição são reservados à Literare Books International.

Presidente:
Mauricio Sita

Capa e diagramação:
David Guimarães

Revisão:
Bárbara Cabral Parente e Débora Tamayose

Gerente de Projetos:
Gleide Santos

Diretora de Operações:
Alessandra Ksenhuck

Diretora Executiva:
Julyana Rosa

Relacionamento com o cliente:
Claudia Pires

Impressão:
Rotermund

Dados Internacionais de Catalogação na Publicação (CIP)
(Câmara Brasileira do Livro, SP, Brasil)

Coaching para pais : estratégias e ferramentas para promover a harmonia familiar / coordenação editorial Iara Mastine, Lorraine Thomas, Mauricio Sita. -- São Paulo : Literare Books International, 2017.

Bibliografia
ISBN 978-85-9455-029-3

Vários autores.

1. Coaching 2. Educação de filhos 3. Família - Aspectos psicológicos 4. Mães e filhos 5. Maturidade emocional 6. Pais e filhos 7. Relações interpessoais I. Mastine, Iara. II. Thomas, Lorraine. III. Sita, Mauricio.

17-04730   Índices para catálogo sistemático: CDD-158

1. Educação de filhos : Pais e filhos : Psicologia aplicada 158

Literare Books
Rua Antônio Augusto Covello, 472 – Vila Mariana – São Paulo, SP.
CEP 01550-060
Fone/fax: (0**11) 2659-0968
site: www.literarebooks.com.br
e-mail: contato@literarebooks.com.br

Apresentação

Educar os filhos é um desafio que coloca em cheque a vontade de muitos casais de aumentar a família. É uma doce e árdua tarefa, mas muito recompensadora e, com a ajuda de especialistas, pode ser simplificada e melhorada.

Esse é o objetivo deste livro, trazer ferramentas e estratégias práticas para os pais usarem na educação de seus filhos de uma forma eficiente e, ao mesmo tempo, harmoniosa. Assim, pais e filhos trilham por uma única jornada de aprendizado e construção de um futuro melhor, tanto para a criança, quanto para a convivência em família.

Todos os coautores fizeram parte do "I Workshop internacional em coaching para pais", organizado por mim e pela Lorraine Thomas, considerada pioneira e número um em *coaching* para pais no Reino Unido. Por meio do envolvimento, troca e engajamento, os participantes foram convidados a escrever o livro para auxiliar pais na educação de seus filhos e construção de uma boa relação em família. Todos os coautores possuem a mesma linha teórica e cada um foi responsável por um capítulo do livro.

Trata-se de uma obra repleta de exercícios, dinâmicas e reflexão que, além de ajudar na criação dos filhos e promoção da harmonia familiar, auxilia também no fortalecimento do vínculo e em problemas de comportamento desadaptativo.

Este livro foi pensado e escrito com muito amor, por isso convidamos vocês para aproveitarem ao máximo a leitura.

Com carinho, Iara Luisa Mastine
Psicóloga e *coach* de pais e filhos

Sumário

Por uma conexão familiar mais consciente
Iara Luisa Mastine..11

Estratégias, redução de estresse e energia positiva:
temperos para uma obra de arte
Lorraine Thomas & Graziela Fernanda Mercurio......................23

Empatia: o ingrediente secreto para formar super-heróis
Ana Carolina Patarroyo Vargas..31

S.O.S. pais: a encantadora e complexa arte de educar
Andréa Machado..41

Pais conscientes. Educamos e crescemos juntos
Betty Gómez Manzano..51

Transmitindo valores que duram para sempre
Camila Machuca...61

Casamento e divórcio: estratégias para administrar o conflito conjugal
Carina Stefani...71

Sou mãe e estou solteira: lidando comigo e com minha criança
Carmem Dutra..81

Sumário

Você brinca com seu filho?
Claudete Scheleder Kerber..91

Estratégias eficientes para tornar os filhos independentes
Daniel Sena..101

Seja um líder inspirador para seus filhos
Danielle Gomes...111

Estratégias para controlar a ira dos pais e transformar a atitude dos filhos
Dariane Bagatolli..121

Constituindo a família que se deseja
Deisilane Bortoloto...131

Desenvolvendo a autoconfiança de seus filhos; sim, isso é possível
Fernanda Risi..139

Falando de empatia com nossos filhos
Fernanda Teixeira...149

Eu, você e o que estamos construindo
Jheruza Duailibi..159

Sumário

Qualidade de vida para pais e filhos
Luciane Cadan de Oliveira Peretti..175

Meu filho foi mal na escola e agora?
Nívea Matos Contreras..187

Estratégias para controlar conflitos entre irmãos
Norma Lima Azevedo..197

Você sabe o que são crenças?
Renatta Castro..207

Os desafios de constituir famílias mais conectadas na Era digital
Rosiane Voidella...217

Seu filho estudou? Como fazer com que ele queira aprender mais e melhor
Tacyana Tavares...227

Lidando com as emoções entre irmãos
Te Moraes..237

Educação financeira na infância:
o verdadeiro tesouro para uma vida de sucesso!
Vilma Farias..247

1

Por uma conexão familiar mais consciente

Neste capítulo, os pais encontrarão estratégias para a promoção da conexão familiar. Praticar a conexão consciente significa proporcionar experiências maravilhosas a todos os membros da família, o que resulta em melhorias nos comportamentos, no fortalecimento do vínculo e no estreitamento da intimidade entre as pessoas que se amam

Iara Luisa Mastine

Iara Luisa Mastine

Psicóloga graduada pela UNESP (2004), com pós-graduação em Gestão das potencialidades humanas (Universidade de Fortaleza), Saúde coletiva (UEL – Universidade Estadual de Londrina), entre outros. *Coach* de pais e filhos, certificada pela Sociedade Brasileira de Coaching (SBCoaching), instituto reconhecido pela International Coaching Council – ICC (2014). Facilitadora em "Parentalidade consciente – Educar com mindfulness" – certificada pela Life Training – Porto – Portugal (2016). Certificada em *Parent coaching* (Coaching para pais) pela The Parent Coaching Academy – Londres – Reino Unido (2016). Especialista em *Coaching* infantil pelo método KidCoaching – Rio Coaching (2016). Idealizadora dos programas "Mamãe *coach*" e "Escola de sentimentos". Seu diferencial é ser mãe (a maior escola de parentalidade), e ser uma apaixonada pelo desenvolvimento infantil.

Contatos
www.iaramastine.com.br
contato@iaramastine.com.br
Instagram: iaramastine
www.facebook.com/mamaecoachoficial/
www.facebook.com/coachingparakids/

> "Sobreviver com competência torna-se uma arte difícil. Sem aprender a gerir minimamente a mente, ser bem-sucedido no campo profissional, social ou afetivo, bem como na educação de seus filhos e alunos, é uma utopia."
> Augusto Cury

A cada dia, temos a impressão de que o tempo voa. Um novo ano se inicia, e logo nos damos conta de que chegou a Páscoa. Num piscar de olhos, estamos nas festas juninas. É uma loucura. E isso ocorre também quando pensamos no desenvolvimento de nossos filhos.

No início, ficamos preocupados com as mamadas e as noites de sono. De repente, estamos pensando no desconforto com o nascimento dos primeiros dentes. Depois, vêm as dores em nossas costas, com a má postura, quando os bebês começam a andar. Daí em diante, serão os desafios de tirar a fralda, introduzir novos alimentos, lidar com as birras. E logo nos flagramos tristes por ver nossos pequenos, que já não são tão pequenos assim, chorarem por estarem com o coração partido.

Nesse momento, pode vir aquela indagação: será que eu aproveitei esse tempo com minha família? Que valores eu passei aos meus filhos? O que eu poderia ter feito de diferente? Remoer o passado não é a opção. Somos pais e mães eternamente, independentemente se nossos filhos possuem um, dez ou trinta anos. A todo o momento, podemos (re)fazer escolhas, optando por novos comportamentos e direcionamentos. Como diz o médico e escritor Augusto Cury, "Só é eficiente quem aprende a ser líder de si mesmo, ainda que intuitivamente: tropeçando, traumatizando-se, levantando-se, interiorizando-se, reciclando-se..."

É por isso que falaremos, neste capítulo, sobre conexão familiar. Ela é capaz de proporcionar experiências maravilhosas a todos os membros, seja porque melhora os comportamentos, seja porque estreita a intimidade das pessoas que se amam. E já adianto que uma chave essencial para isso é saber ouvir e saber falar, porque permite que cada um seja coerente com seus sentimentos, expresse aquilo de que não gosta e seja respeitado mesmo assim. A seguir, vamos discutir estratégias que favorecem e fortalecem essa conexão familiar:

Estar em sintonia valorizando todos

Se quisermos entrar em um estágio de pura sintonia com nossos filhos, precisamos trabalhar isso anteriormente em nós mesmos – por exemplo, descartando aquele sentimento comum de superioridade. Quando falamos de conexão consciente devemos levar em consideração que uma das premissas é o "igual valor".

Todos, em seu núcleo familiar, possuem necessidades. Entendê-las, ou pelo menos tentar compreendê-las, é o ponto chave para uma comunicação bem-sucedida entre vocês. O que quero enfatizar é que as opiniões, os desejos, as emoções devem ter o mesmo valor intrínseco, sendo levados a sério de forma equiparada, com igual respeito. Isso implica não haver desvalorização por conta da idade, por exemplo.

As emoções, necessidades e vontades de um adulto não têm maior relevância que as da criança, e vice-versa. Uma mãe não tem que ceder em algo que, no seu íntimo, não há congruência com seu sentimento. Fazer algo contra seus princípios, sua essência, causará angústia e desconforto. De acordo com a *expert* em parentalidade consciente Mikaela Övén, autora do livro Educar com *Mindfulness*, praticar o igual valor não significa que a criança tem sempre o que quer, mas sim que deve ser respeitada da mesma forma que um adulto.

Para dar um exemplo, vamos analisar o contexto em que uma criança cai e se machuca, Quando o adulto diz "Não falei para tomar cuidado?" ou "Não é nada, jájá passa", ele acaba, mesmo sem querer, ignorando e julgando os sentimentos dessa criança. Quando faz isso em vez de procurar entender as necessidades dela, que mensagem está passando?

Falar para as crianças que "não foi nada" é o mesmo que ignorar a dor que possam estar sentindo. As mensagens moldam seu desenvolvimento, já que elas aprendem por meio das relações interpessoais, da observação dos comportamentos, dos exemplos que recebem. Na situação em que se machucam, o ideal seria ouvirem do adulto algo nessa linha: "O que você está sentindo? Me mostra onde está doendo, que vamos cuidar disso agora" ou "Me fale, filho, como foi que aconteceu isso? O que você pode fazer da próxima vez para não se machucar mais assim?".

Estar presente na situação familiar

Preciso iniciar este tema com uma citação do monge budista Thich Nhat Hanh: "O presente mais precioso que podemos oferecer aos outros é a nossa presença. Quando a nossa atenção plena abraça os que amamos, eles desabrocham como flores".

Um dos principais ensinamentos de Thich Nhat Hanh é que, ao atingirmos uma consciência plena, podemos aprender a viver no momento presente, em vez de nos apegarmos ao passado ou futuro. Afinal, residir no momento presente é a única maneira de realmente desenvolvermos a paz em nós mesmos e no mundo.

Frequentemente encontramos pais e mães que são denominados como *multitasking* (multitarefas), ou seja, capazes de fazer muitas coisas ao mesmo tempo. Embora possa parecer muito útil nos dias atuais, exercer sempre essa capacidade é o maior inimigo da presença consciente. Poder passar um período de tempo menor com o filho, mas realmente com ele, pode ser muito mais enriquecedor do que uma tarde inteira ao lado dele, mas com a cabeça em vários outros lugares.

Para avaliar a qualidade da sua presença, faça o teste a seguir. Numa escala de 1 a 5, pontue cada afirmação conforme o grau de veracidade dela para você, sendo que 1 significa que NÃO se identifica e 5 que se identifica TOTALMENTE.

☐ 1. Falo com o meu filho, mas não costumo olhar nos olhos dele.
☐ 2. Sinto dificuldade em me desligar dos e-mails e das redes sociais enquanto realizo outras tarefas.
☐ 3. Verifico meu *smartphone* sempre que chega uma mensagem.
☐ 4. Fico ansioso(a) para terminar a atividade que estou realizando.
☐ 5. Já estou pensando no que farei amanhã.
☐ 6. Não me divirto com frequência.
☐ 7. Não costumo prestar atenção às atividades que já fazem parte da minha rotina.

- [ ] 8. Quando saio, pego caminhos que já faço no piloto automático. Muitas vezes nem percebo a paisagem por onde passei.
- [ ] 9. Sinto que tenho uma respiração superficial, não costumo encher meu pulmão com uma respiração mais completa.
- [ ] 10. Utilizo mais vezes a palavra "Não" do que a palavra "Sim".
- [ ] 11. Costumo dar mais ordens do que ouvir a opinião do meu filho.
- [ ] 12. Preciso pedir diversas vezes para o meu filho fazer as tarefas de rotina (vestir-se, entrar no carro, guardar o material escolar, terminar a alimentação).
- [ ] 13. Um único momento ruim pode afetar todo o meu dia.
- [ ] 14. Sinto, muitas vezes, que me falta tempo para fazer o que eu gostaria.
- [ ] 15. Enquanto realizo uma tarefa, estou pensando em outra.
- [ ] 16. Enquanto me dedico ao meu filho, penso nas outras coisas que ainda tenho que fazer.
- [ ] 17. Falo frequentemente dos meus planos e do que preciso fazer.
- [ ] 18. Utilizo muitas vezes exemplos do que já vivi em minha vida.
- [ ] 19. Acredito que depois desta fase tudo vai melhorar.
- [ ] 20. Sinto com frequência que falta algo para eu fazer.

Soma das respostas: _____

Um resultado de 75 pontos ou mais indica que você deve urgentemente fazer mudanças, desacelerar, amenizar o estilo *multitasking*. Entre 74 e 50 pontos, significa que ainda pode dar um pouco mais de atenção ao momento presente. Pontuou abaixo de 50? Sinaliza já ter atingido um estado de presença superior à maior parte dos pais. Continue praticando!

Talvez você se pergunte: como consigo focar mais no momento presente? Praticando *mindfulness* (atenção plena), que se resume a trazer repetidamente a atenção para o que acontece com você no momento "agora" e com aceitação. De acordo com o estudioso desse assunto, Padraig O´Morain, deixar de lado o descontentamento já favorece que você comece a apreciar o que deve ser apreciado e melhore a habilidade de perceber o que pode ser melhorado.

Maior consciência do que acontece agora, aliada a uma atitude de aceitação, não interfere na rotina de suas atividades, como muitas vezes achamos. Pelo contrário, praticar *mindfulness* provoca uma sensação de calma e autodomínio que é preciosa para realizarmos cada atividade de um jeito melhor.

Proponho este exercício: observe o espaço onde você está nesse exato momento. Consegue ao mesmo tempo dar um pouco de atenção à sua respiração? Procure deixar a mente quieta por alguns momentos enquanto observa o ar entrando em seu corpo e saindo, a expansão de seus pulmões, a temperatura desse ar. Esse é um exercício de *mindfulness* que demora poucos segundos, e que pode ajudar você a compreender qual é a necessidade desse exato momento.

Quando nos preocupamos com o passado ou com o futuro, podemos estar fisicamente próximos de nossos filhos, mas mentalmente tão longe! Para aumentar essa conexão, vamos investir na qualidade da nossa presença, no tempo que passamos juntos. Alguns exemplos de atividades que propiciam isso são:

– Pratiquem a troca de olhares. Sentar frente a frente e "brincar" de se falarem com os olhos é um interessante exercício. Fiquem por trinta segundos se olhando fixamente. Um será o receptor e o outro "falará" mentalmente uma palavra, um assunto ou até uma história. Depois desse tempo, o receptor deve tentar descobrir o que o outro tentou dizer com os olhos.

– Peça a opinião de seu filho durante alguma atividade que estão desenvolvendo. Além de fortalecer o vínculo pelo caminho da cumplicidade, realça a confiança que você deposita na criança, por envolvê-la nessa ação.

– Crie uma pausa consciente no diálogo que está tendo com seu filho, tentando de fato compreender qual a necessidade do momento. Para isso, pratique o não julgamento e o acolhimento nessa troca de informações.

Reforçar o amor incondicional
É muito comum relacionar o amor incondicional ao amor parental. Mas... será que, de fato, estamos praticando esse amor? Quando fazemos um comentário do tipo "Se você fizer todo o dever de casa vai ganhar algo muito legal", não estamos colocando uma condição?

Pois é, não se assuste, pois eu, como mãe, também já usei diversas vezes esse artifício. Hoje, tento praticar uma relação de amor acima de tudo. Sim, preciso escrever "tentar", pois é um desafio diário para todos os adultos. O que posso realçar é que, quanto mais praticamos essa conscientização do amor incondicional, mais o vínculo entre pais e filhos sai fortalecido.

A criança deve saber que é amada, mesmo se não fizer o dever de casa. O fato de não cumprir a tarefa deve resultar em outras perdas, mas não a do amor de seus pais. Esse é incondicional, e deve ser considerado como a supremacia da relação.

Ainda sobre o exemplo citado, a mãe deve dizer o que aquele comportamento pode causar, de acordo com o ponto de vista dela, sem julgamento, mas com sinceridade: "Filho, eu amo você, por isso gostaria muito que terminasse esse dever de casa. Está precisando de minha ajuda?" ou "Eu entendo que você está cansado, mas ainda falta um pouco para terminar o dever de casa. Se fizermos uma pausa ajudaria a se concentrar depois?".

Estabelecer uma comunicação consciente

Ela começa com o respeito mútuo. Saber ouvir sem julgar é um ótimo começo para praticar. Saber ouvir e respeitar as necessidades da criança não significa aceitar o que ela está pedindo, e sim identificar uma necessidade e respeitá-la, mas continuar coerente com a sua opinião.

Muitas vezes, passamos uma mensagem com duplo sentido, ou seja, incongruente. Isso normalmente ocorre quando o intelecto e o emocional não estão alinhados. Comunicamos uma coisa com as palavras e outra com a emoção, por exemplo, pelo tom de voz ou expressão facial. Alguma vez você já cruzou os braços, olhou para baixo e falou "Está tudo bem!", mesmo sentindo que não está nada bem?

Há vários estudos mostrando a prevalência da comunicação não verbal sobre a verbal. Nesse caso, a expressão corporal fala mais alto que as palavras. Essa informação é de extrema importância, ainda mais quando estamos nos comunicando com crianças, que ficam inseguras se o adulto comunica mensagens duplas e incongruentes. Podem reagir não dando importância ao que estão falando, tendo uma atitude com desrespeito, travando a comunicação.

Nesse momento, pergunte-se se você está alinhado com o que está dizendo: o que deseja comunicar? Qual é a sua intenção e seus desejos? São coerentes? Você está se comunicando com autenticidade e sinceridade?

Quanto maior for seu autoconhecimento, mais fácil será para você se comunicar. Quanto mais sua mensagem estiver alinhada com seu interior, mais facilmente será compreendida. Em resumo, seja honesto com os seus sentimentos.

Sair do piloto automático

Sabemos que toda essa teoria e abordagem requer treino. É no dia a dia que aprendemos, de fato, a superar nossas limitações, assim como a valorizar nossas vitórias. Para praticar o conteúdo aprendido, precisamos escapar do piloto automático. Trago uma técnica poderosa, que nos ajudará a reconhecer as necessidades de nossos filhos, aumentando assim a conexão consciente.

Quando estiver diante de um mau comportamento de seu filho, pare um instante e responda a estas três perguntas:

1. **Por que meu filho está agindo dessa maneira?** Na raiva, podemos julgar e justificar com respostas inadequadas: "porque ele gosta de me confrontar", "porque ele é mimado", e assim por diante. Mas quando a abordagem é feita com curiosidade, no lugar de suposições, olhando de forma mais profunda para os sinais do que está acontecendo, começamos a compreender o que esse filho tenta expressar.
2. **Qual lição eu quero ensinar nesse momento?** Essa indagação é fundamental quando pensamos no que vislumbramos para nossos filhos no futuro. Por exemplo, podemos ensinar a eles numa situação de estresse que existem recursos para enfrentá-la, assim como trabalhar o autocontrole ou a conscientização do problema. Já deixar a criança de castigo, sentada em um cantinho sozinha, significa simplesmente ignorar esse momento estressante e anular um possível aprendizado. Quando for adulta, como você acha que reagirá a um estresse?
3. **Como posso ensinar melhor essa lição?** Aqui, precisamos avaliar como comunicar bem o que queremos transmitir. Você pode falar com seu filho, fazendo contato visual, praticando escuta ativa, sem julgar, e acolhendo seus sentimentos. Conforme ele se acalma, conseguirá ouvir melhor tanto quanto se comunicar, de acordo com seus valores, reflexões

que auxiliem na construção da resolução para o problema em questão. Com criança menor, você pode inclusive usar um recurso lúdico, facilitando envolvê-la e propiciando um real entendimento da lição.

Em suma, ao nos fazermos essas três perguntas, aumentamos a probabilidade de uma reação mais assertiva, com o objetivo de interromper o comportamento indesejado em curto prazo. Como consequência, ensinaremos lições úteis para a vida inteira, com habilidades que colaboram para a construção do caráter e preparam os filhos para tomarem melhores decisões no futuro.

De acordo com os pesquisadores da mente infantil Daniel Siegel e Tyna Bryson, as perguntas "por quê", "o quê" e "como" fornecem aos pais estratégias para passarem da criação reativa dos filhos para uma criação receptiva e intencional. Por isso, gostaria de propor um último exercício, fechando este capítulo com importantes reflexões.

Responda às questões abaixo com sinceridade e sem julgamento. Ah, pratique a atenção plena com relação ao que estas perguntas e as possíveis respostas vão causar dentro de você:

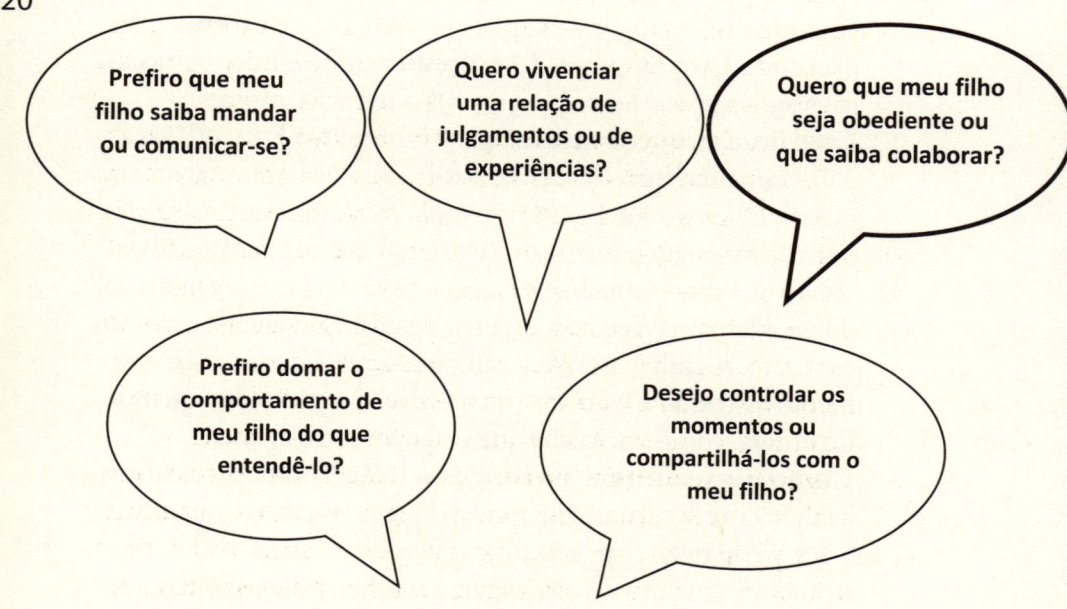

Você está praticando *mindfulness* com esse exercício final. Aproveite para refletir sobre o que pode fazer por você, pela conexão com seu filho e com toda a família. Desejo excelente harmonia familiar e o bem-estar de todos os seus hoje e sempre!

Referências
CURY, Augusto. *Filhos brilhantes, alunos fascinantes*, 2 ed. Editora Academia de Inteligência, 2015.
O´MORAIN, Padraig. *Atenção plena: mindfulness*. São Paulo: Editora Fundamento, 2015.
SIEGEL, Daniel J e BRYSON, Tina Payne. *Disciplina sem drama*. São Paulo: Nversos, 2016.
ÖVEN, Mikaela. *Educar com mindfulness*. Porto: Porto Editora, 2015.

2

Estratégias, redução de estresse e energia positiva: temperos para uma obra de arte

A vida familiar está relacionada a muito mais detalhes que aquela famosa família em comercial de margarina. Nem sempre possui somente flores no seu dia a dia. No entanto, ela continua sendo nossa obra de arte particular. Cada um de nós possui uma parcela significativa na sua construção. Neste capítulo, você encontrará estratégias para redução de estresse e, consequentemente, elevação de energia positiva no cotidiano de sua família

Lorraine Thomas & Graziela Fernanda Mercurio

Lorraine Thomas

Autora de best-sellers, palestrante internacional. Presidente da *Parent Coaching Academy*. Ministra workshops para empresas multinacionais, incluindo Goldman Sachs, Barclays, Deloitte, Microsoft, Marks & Spencer e AMEX. Presença garantida em programas televisivos sobre parentalidade. Selecionada como porta-voz do lançamento do filme Divertidamente da Disney, devido a sua expertise em promover a resiliência. Atuação internacional ainda inclui trabalho desenvolvido com clientes no Brasil, Estados Unidos, China, Austrália e por toda a Europa.

Contato
www.theparentcoachingacademy.com

Graziela Fernanda Mercurio

Tradutora, intérprete e bacharel em Letras inglês-português, formada pelo Centro Universitário Ibero Americano. *Professional & personal coaching* e *Executive coaching* pela Sociedade Brasileira de Coaching. Especialista em Destrave da comunicação em inglês e pensamento estratégico. Certificada como analista comportamental nas ferramentas Alpha Assessment Coaching e SOAR. Atuante na área especificada há 14 anos, trabalha com a reconstrução de autoestima.

Contato
www.grazielamercurio.com.br

Para utilizar os ingredientes necessários para a construção de sua obra de arte familiar, resiliência e energia positiva, é necessário que você aprenda a lidar com emoções como estresse, medo, raiva e tristeza. É notório que desde que você se tornou pai ou mãe, sente-se muito mais preocupado. Muitos pais dizem que, além de se preocuparem com pontos principais, como saúde, situação financeira e o cuidado com as crianças, também se preocupam com assuntos secundários, como contratação e organização de rotina de uma babá, rotina da casa ou até o que escolher para o lanche da escola, por exemplo.

Há muitas razões para aprender a lidar melhor com aqueles sentimentos que geram tanto estresse. Além de se tornar mais feliz e mais saudável, terá muito mais tempo e energia para curtir sua família. A maneira com que você enfrenta os desafios na sua vida familiar terá grande impacto no ambiente em que seus filhos se desenvolverão. Você ensinará a eles como resolver problemas. Logo, se você aprender a lidar com o estresse de maneira positiva, eles também aprenderão.

Sentir-se estressado é natural e normal, acontece na vida de todo mundo. Auxiliar os nossos filhos a aprender como lidar com o estresse de uma maneira saudável fornecerá a eles habilidades importantes para que possam lidar com seus sentimentos por toda a vida. Pode ser muito angustiante para os pais auxiliarem os filhos em situações desafiadoras. No entanto, essa situação é uma grande oportunidade também. Ao ajudá-los a lidar com desafios relacionados a amizades, *bullying*, separação ou divórcio, pressão do mundo online, lição de casa ou provas – você os ensinará habilidades emocionais essenciais para o conjunto de estratégias emocionais para a vida.

Aja dentro do possível...

Infelizmente, há sempre detalhes que estão fora do seu controle, entretanto, se você realmente quiser reduzir seu nível de estresse e aumentar sua energia, há duas coisas que você deverá fazer. Primeiro, pense positivo e acredite que é capaz de efetuar mudanças. Quanto mais preocupado estiver por estar estressado, mais estressado você ficará, e isso o paralisará, drenará sua energia e o incapacitará de seguir adiante. Inicie a prática de seu pensamento positivo mentalizando, por alguns minutos, sobre o que está bem em sua vida e pelo que você é grato.

Em seguida, tome decisões que são possíveis no momento, sem esquecer do desejado. Se continuar fazendo a mesma coisa, terá os mesmos resultados. Logo, faça algo diferente. Reflita, decida e aja, um passo de cada vez, progredindo sempre. Você não pode controlar as outras pessoas ou o que elas fazem, mas você pode se responsabilizar pelas suas ações, pela maneira como se sente e responde às ações. Quanto mais sentir que sua vida está fora de controle, mais alto será seu nível de estresse. Uma vez que conseguir retomar o controle e se colocar como comandante da própria vida, seu nível de energia se elevará muitíssimo.

Dicas infalíveis para desestressar e aumentar sua energia positiva e, assim, construir sua obra de arte

Seja um exemplo poderoso

Adquira o hábito de conversar sobre seus sentimentos e estimule seus filhos a fazerem o mesmo. Assim, irá ajudá-los a entender que todos os sentimentos são naturais e fazem parte do conjunto de habilidades emocionais. Bons hábitos são imitados e não ensinados, então permita que seu filho te acompanhe nos episódios em que estiver lidando com seu estresse de maneira saudável. Se você lidar com seu estresse por meio de hábitos nocivos, faça algo positivo e diferente essa semana, por exemplo, um dia sem bebida alcoólica ou agende uma massagem. Você não precisa ser perfeito, precisa apenas dar o primeiro passo.

Estratégia 3R para gerenciamento de estresse

Estimule seu filho a RECONHECER como ele se sente e nomeie esse sentimento. É o primeiro passo para ele lidar com o sentimento e perceber que pode controlá-lo – em vez do contrário. Ensine-o a RESPIRAR profundamente ou a se concentrar na movimentação de cada um dos dedos dos pés. Isso reduzirá o nível de ansiedade e promoverá energia positiva. Debata ideias sobre como poderá RESPONDER a situação com uma ação que seja possível no momento.

Evite dizer que "não há nada para se preocupar a respeito"
As crianças precisam aprender que podem conversar sobre como estão se sentindo. Se elas se acostumarem a fazer isso enquanto são pequenas, será natural para elas conversarem com você sobre uma gama de sentimentos quando forem adolescentes. No entanto, conversar sobre estresse e não fazer nada a respeito as deixará ainda mais estressadas. Logo, há necessidade de ação. Estimule-as a ter ideias sobre o que fazer a respeito. Se elas estiverem envolvidas no planejamento – estarão muito mais propensas a fazer com que dê certo. As crianças são muito criativas. Elas geralmente têm as melhores ideias.

Surpreenda-os comportando-se bem
Preste atenção em como seus filhos estão se comportando esta semana. Em vez de se focar nas vezes em que eles parecerem estressados ou ansiosos, enfatize as vezes em que estiverem bem-comportados. O comportamento que recebe atenção é repetido. Por os evidenciar quando são positivos, você envia uma mensagem extremamente importante aos seus filhos, que eles possuem essa habilidade no seu conjunto de habilidades emocionais – e que podem usá-la quando estiverem se sentindo tristes ou estressados.

Coloque limites na utilização de eletrônicos
Eletrônicos podem ser uma fonte de estresse para adultos e crianças. Ambos precisam de limites ou a tecnologia dominará suas vidas. Decida por uma política familiar, defina suas diretrizes – e as coloque em prática.

Em uma pesquisa da *Parent Coaching Academy*, oito entre dez pais dizem que restringir seu tempo conectado teve impacto significantemente positivo na qualidade de vida da família. Defina os "períodos familiares sem tecnologia", por exemplo durante as refeições. Organize "um local de recarga para os eletrônicos da família" que esteja fora do quarto das crianças. Torne isso um hábito para a família toda, por exemplo, coloque os eletrônicos para recarregarem a noite na cozinha.

Navegue no mundo online de seus filhos com eles

Muitos pais acham que o mundo online de seus filhos é um lugar estranho e assustador. No entanto, não podemos esquecer que eles estão lá. Ele é privado, pessoal e portátil. Logo, é extremamente importante que nós estejamos lá com eles. Ensine-os a navegar online de forma segura, da mesma maneira que você os ensina a atravessar a rua. Diminua o controle quando sentir que eles estão absolutamente seguros e que tem o conhecimento suficiente e as estratégias para mantê-los em segurança e sabem o que fazer se algo deixá-los desconfortáveis.

Conexão em vez de perfeição

Uma das maiores causas de estresse em crianças é o medo de "fracassar". Logo, aproveite as oportunidades para "celebrar" quando as coisas não acontecerem como o planejado. Reflita sobre o que ele aprendeu e sobre como fará as mesmas coisas de maneira diferente na próxima vez. Foque mais no processo que no produto, mais na atitude das crianças que no esforço que é dispendido para se obter o resultado.

Isso os estimulará a ter uma "mentalidade de crescimento" em vez de "mentalidade perfeccionista". Perfeccionistas normalmente são mais ansiosos e têm menos energia que as outras pessoas devido à grande dificuldade de estarem no momento presente. Eles estão constantemente pensando no que aconteceu no passado, ou no que irá acontecer no futuro e estão sempre planejando. Pais e filhos com mentalidade de crescimento enfrentam desafios e são estimulados por eles, e se fortalecem conforme os encaram.

Estimule os pontos fortes e desfoque os fracos

Foque no que você e seus filhos fazem, em vez de focar nas impossibilidades, pois, dessa maneira, terá a construção de perspectiva. Foque nas habilidades que são positivas, nos pontos fortes e nas qualidades. Isso reduzirá a pressão e fortalecerá a confiança deles, o que tornará a família toda melhor preparada para o sucesso em situações difíceis.

Pedir ajuda é positivo

Muitos pais e filhos se sentem estressados por acharem que é sinal de fraqueza não poderem fazer tudo sozinhos. Uma das melhores maneiras de aumentar a energia positiva e a resiliência é pedir por ajuda e ajudar os outros.

Aperte o botão de pausa

Você não pode ser mãe, ou pai, cem por cento do tempo. No entanto, você pode ser cem por cento em alguns períodos de tempo. Então, aperte o botão de pausa e divirta-se com seus filhos. A diversão diminui o estresse e aumenta a energia positiva. Quando estiver relaxado, você será capaz de entender o que se passa nos pensamentos de seus filhos. Essas situações em que você "sintoniza amorosamente" com eles são as mais significativas. Você está criando situações que se tornarão memórias para o resto da vida. A melhor maneira de se ter certeza de que está sendo pai ou mãe cem por cento é checar com todos os seus sentidos as características de uma situação específica. Aprendendo a "viver o momento", você ajudará seus filhos a serem mais felizes e mais saudáveis. Talvez seja a característica mais importante que nós podemos ensinar a eles.

Priorize seu tempo particular

Como todos os pais te diriam, é impossível imaginar quanta energia é dispendida ao cuidar de uma criança, quanto mais encontrar tempo para fazer algo diferente. No entanto, como mãe, pai ou cuidador, você é o coração de sua família. Se você quer ser o melhor enquanto pai, mãe, companheiro(a) ou amigo(a) – é essencial cuidar de si mesmo.

Quando está cuidando de si mesmo, você também está cuidando de todos os outros. A melhor maneira de se ter seu tempo particular é colocá-lo em sua agenda. Então, defina o que quer fazer, crie um intervalo para tal e peça ajuda. Você pode querer fazer uma caminhada, nadar ou somente ficar no sofá lendo um ótimo livro – sem interrupções. Torne isso um item de sua rotina. Coloque-o em sua agenda e faça acontecer. Se disser que vai nadar às 15h no sábado, é mais provável que aconteça, em vez de dizer que vai tentar nadar no final de semana. Tornando esse item um compromisso semanal, você estará cuidando de si mesma. Logo, agende horário com uma babá ou converse com seu companheiro(a), seus amigos, sua família e obtenha a ajuda que necessite.

Você precisa estar em forma para seus filhos e ter energia suficiente para cuidar deles, o que significa que você precisa cuidar de si mesmo e recarregar as suas baterias. Ao criar seu tempo particular, você aumentará sua energia positiva e diminuirá o nível de estresse. Você viverá mais, se sentirá mais feliz e enfrentará os desafios da vida familiar mais facilmente se não estiver exausto(a).

O mais importante é que você se divertirá muito mais com seus filhos. Isso terá impacto positivo na família toda. Tempo particular não é egoísmo. É um dever!

Todos os pais são desbravadores... Divirta-se com essa aventura!

Quando uma criança nasce, uma mãe e um pai também nascem e a aventura começa. Como pais, vocês são desbravadores de um território intocado diariamente. É uma emocionante montanha-russa: impressionante, desafiadora e estimulante. A responsabilidade de serem pais pode ser opressora, mas isso também significa que todo dia você tem uma oportunidade de promover a diferença e ter impacto positivo na sua vida familiar.

Seu filho é uma tela em branco e você é um artista apaixonado e talentoso com habilidades e estratégias para criar uma obra de arte. Como mãe ou pai, você adiciona cor, vitalidade, intensidade e significado à vida de seus filhos diariamente.

Vida familiar é trabalho contínuo. Ser pai e ser mãe é uma arte – e não ciência. A diferença acontece quando se toma uma atitude por vez e se mantém em progresso contínuo para se tornar a mãe ou o pai que deseja ser.

Hoje é o primeiro dia do resto de sua vida. O tempo em família é precioso, então torne a vida familiar divertida, uma aventura divertida, dinâmica e irreverente. Seja um artista e encare esse desafio como a construção de uma obra de arte.

Referências
THOMAS, Lorraine. *Brilliantly behaved toddler: 50 things your really need to know*. London: Quercus, 2013.
THOMAS, Lorraine. *The mummy coach: 10 essential skills you need to be a great mum: The 10 skills every parent needs*. London: Hamlyn, 2010.
THOMAS, Lorraine. *The 7 day parent coach: halve the stress, double your energy and become a great parent*. London: Vermilion, 2005.

3

Empatia: o ingrediente secreto para formar super-heróis

O que é ser super-herói? O que os torna especiais? Através do reconhecimento das emoções e da empatia, nossos pequenos aprendizes de super-heróis irão iniciar seu treinamento. Neste capítulo, apresento ferramentas para que esse treinamento se inicie o mais rápido possível. Afinal, o mundo precisa ser salvo, e super-heróis são experts no assunto!

Ana Carolina Patarroyo Vargas

Ana Carolina Patarroyo Vargas

Fundadora da Escola de super-heróis – Centro de desenvolvimento de competências e habilidades humanas, idealizadora do projeto Criando super-heróis. Possui formação em geografia, é *Kid coach* pela Rio Coaching. *Coach* para pais pela The Parent Coaching Academy (Reino Unido), consultora comportamental: analista DiSC – Persolog – Avaliação do Perfil Comportamental, *life coach* pela Sociedade Latino-Americana de Coaching com certificação reconhecida e validada internacionalmente através do principal órgão que regulamenta o uso do coaching: IAC – International Association of Coaching. Membro da Sociedade Latino-Americana de Coaching.

Contatos
www.criandosuperherois.com.br
criando.superherois@gmail.com
www.facebook.com/CriandoSuperHeróis
(38) 99947-2842

E se super-heróis existissem? Foi essa pergunta que uma vez ouvi de um garoto muito esperto de seis anos. A resposta que me veio à cabeça rapidamente foi que sim, super-heróis existem, mas não com superpoderes como raios congelantes, não sabem voar e também não saem por aí com capas e roupas maneiras. Os super-heróis somos cada um de nós que, com pequenas ações diárias, conseguimos exercer empatia.

Após ouvir a pergunta desse garoto que se chama Luca, meu filho mais novo, comecei a refletir mais sobre meu papel como mãe, *coach* para pais e *kid coach*. Estaríamos ensinando nossos filhos a exercer empatia?

Ensinando a capacidade de preocupar-se e reconhecer o sentimento do outro, sentir o que a outra pessoa sentiria se vivenciasse a mesma situação?

Minha resposta foi sim, super-heróis existem! Bastava olhar ao redor e encontrar um olhar de afeto, uma pessoa com um sorriso largo, ou até mesmo aquele estranho que gentilmente nos dá um bom-dia quando na verdade o nosso dia nem começou tão bom assim! Ou aquele amigo da escola no nosso primeiro dia de aula, quando nos bate aquele medo do desconhecido, que ao trocarmos um olhar percebemos que ele também se sente dessa maneira e que fica junto a nós, partilhando aquele dia de descobertas. Quantas vezes um sorriso recebido ou um sorriso dado nos resgatou de um dia ruim, de um momento triste? Quantas vezes uma voz gentil num momento de fúria nos trouxe de volta a calmaria? Sim, somos todos super-heróis quando agimos assim! Mas como transformar nossos filhos em super-heróis? É fácil e provavelmente você já o faça. Vi no olhar do Luca a certeza de ter encontrado a resposta certa para a sua pergunta.

Ana Carolina Patarroyo Vargas

Treinando nossos super-heróis

Ensinar as crianças a exercerem empatia envolve, antes de qualquer coisa, ensinar a criança a se perceber e a se conectar com suas próprias emoções. Reconhecer e nomear as emoções tornará a criança apta a identificar emoções no outro e a se colocar no lugar dele.

Compreender as emoções é a chave para compreender o mundo. É dessa maneira que a criança irá construir habilidades sociais saudáveis, de empatia, amizade e respeito.

Como todo pai e toda mãe, cometi alguns erros com a forte convicção de estar naquele momento acertando, mas o tempo logo me mostrou o contrário. Minha filha mais velha, Amanda, sempre foi uma criança mais doce e sensível. Em seu segundo ano de escola, com colegas entre três e quatro anos de idade, era comum haver desentendimentos que algumas vezes acabavam em beliscões ou até mesmo tapas. Amanda começou a chegar em casa com a queixa de que um colega em específico a machucava, e eu logo respondia que devia ter sido sem querer, que todos eram amigos e que isso com certeza não iria mais se repetir. Engano meu! O episódio novamente se repetia e logo vinha apaziguando a situação sem ao menos ouvi-la, pois achava que, ao contornar o assunto e simplesmente falando que todos eram amigos, estaria diminuindo o acontecimento e mudando o foco de Amanda para outras ocasiões mais positivas. O resultado foi uma criança que não dizia quando uma coisa a desagradava e que aceitava o comportamento dos amigos por mais que a aborrecesse, pois deveria ter sido sem querer. Embora me esforçasse para que minha filha fosse uma pessoa gentil e compreensiva com os outros, acabei deixando que outras pessoas se aproveitassem dela. A tempo, pude ensiná-la a continuar a ser gentil e compreensiva, mas sem se esquecer de seus sentimentos e que ela deveria expressá-los.

Quando dei por mim, percebi claramente o que tinha causado; não deixava Amanda entrar em contato com suas emoções, de tristeza, raiva, frustração. Imaginava estar protegendo-a, entretanto, ela necessitava entrar em contato com aquelas emoções. Afinal, quantas vezes em nossas vidas elas não viriam à tona e precisaríamos lidar com elas?

Assim como Amanda, uma criança mais sensível por estar cheia de emoções contidas, algumas crianças consideradas "difíceis" pelos pais são como ela, inundadas e cheias de emoções que acabam se sentindo frustradas por não saberem como se expressar e por não compreenderem o que sentem.

Pense em uma criança que chega da escola, que teve um dia difícil, uma disputa por um brinquedo ou a frustração de uma tarefa que não conseguiu realizar, e seus pais fazem uma pergunta e ela responde de um jeito rude. Os pais logo a castigam e a mandam para o quarto. Os pais conseguiram resolver o problema? Provavelmente não; uma das coisas que conseguiram naquele momento foi colocar mais lá no fundo aquela emoção da criança, como se todas elas estivessem em uma caixinha que foi aberta e logo fechada. Essa situação pode fazer com que ela se feche cada vez mais e se distancie da família.

Vocês devem estar se perguntando como nos comportar num momento assim, quando nossos filhos nos respondem de maneira rude. Deixar passar? Não! Não é necessário deixar passar, afinal todos temos alguns dias ruins, mas seja acolhedor e assertivo. A comunicação assertiva é uma maneira de compreender e ensinar aos filhos de forma firme e carinhosa de que eles podem sim demonstrar suas emoções, mas sem que sejam rudes com o outro. Tom de voz gentil, olhar afetuoso, gestos leves, através do diálogo é possível demonstrar carinho, preocupação, compreensão e acolhimento – empatia. Cria-se um vínculo de confiança que se perpetuará por toda a vida.

Com essa postura, fica mais fácil a compreensão das regras ou acordos por parte da criança que se sente respeitada; nessa situação, nós pais poderíamos responder: "Filho, sei que seu dia deve ter sido difícil hoje, mas isso não lhe dá o direito de nos responder dessa maneira, pois também me sinto triste e brava com isso. Gostaria de me contar o que aconteceu?". É importante ajudar a criança a identificar a emoção e a situação que a desperta e, principalmente, demonstrar que você já sentiu e sente as mesmas emoções e que é possível superar algumas situações que envolvam sentimentos como medo, raiva e tristeza. Em ocasiões de conflito e em que surgem emoções que a criança ainda não é capaz e madura para compreender, a resposta dos pais naquele momento é fundamental para que ela se sinta à vontade com aquela emoção e saiba lidar em outras situações em que esta surgir. Responder à criança com frases do tipo "eu também às vezes sinto medo, mas é preciso que nesse momento você durma. O que podemos fazer para que esse medo diminua?" demonstra acolhimento, identificação da emoção e empatia pelo sentimento dela.

Certa vez, uma criança de seis anos estava frustrada, triste, envergonhada e com raiva de uma situação que havia vivido naquele dia. Antes de dormir, inquieta e irritada, ela contou à mãe que os colegas a haviam chamado de "frangueiro" por não conseguir segurar a bola no jogo de futebol. Durante o relato, a criança tinha a fala carregada de emoções. Com a sua sensibilidade, a mãe conseguiu conduzir a conversa com o filho perguntando-o como ele havia se sentido naquele momento. A criança apenas repetia que nunca mais voltaria ao treino, era incapaz de nomear suas emoções. Assim que a mãe passou a nomear as emoções perguntando se ele sentia-se triste, envergonhado, chateado ou frustrado, a criança ia reagindo e conseguiu identificar e exteriorizar as emoções que havia sentido e que ainda sentia. A criança em seguida começou a questionar a mãe se em algum momento de sua infância ela também havia vivenciado algo semelhante. Quando a mãe começou a relatar suas emoções e experiências, a criança se sentiu acolhida e confortável em também senti-las, percebendo que todos têm emoções; era como se a mãe tivesse jogado tinta no homem invisível e a criança conseguiu enxergar a si próprio. Este é um exemplo real que gosto de apresentar aos meus *coachees* como resultado de uma comunicação assertiva e empatia entre mãe e filho, além de ser uma excelente oportunidade de ensinar ao filho sobre emoções e empatia, já que as crianças tendem a repetir os comportamentos dos pais.

Em uma situação de choro, em vez de dizer à criança "Pare de chorar!", encoraje-a a nomear a emoção e a expressá-la, pergunte-lhe o que houve de errado, o que ela está sentindo. Apresente chances de a criança buscar uma solução para aquele momento que está vivendo, pergunte-lhe o que gostaria de estar sentindo, o que juntos podem fazer para que ela se sinta dessa maneira.

Primeiros passos para criarmos nossos super-heróis

Como *coach*, desenvolvi algumas maneiras de ajudar as crianças e as famílias a reconhecerem e a falarem sobre suas emoções. Uma delas, que considero simples, é capaz de aumentar a conexão familiar aproveitando o interesse na infância por livros e contos; é a utilização de histórias onde personagens vivem emoções que a criança está vivenciando, como medo, ciúmes, raiva, vergonha, timidez, frustração. Primeiro busque livros infantis correspondentes com a idade da criança, um tema bastante comum na faixa dos quatro e cinco anos, por exemplo, é o medo ao dormir. Em casa não foi diferente, utilizei essa técnica com sucesso, livros em que os personagens tinham medo do escuro e que, ao final, conseguiam superar esse temor foram ferramentas valiosas para ajudá-los a identificar e a expressar as emoções que surgiam. É importante que na história escolhida o personagem consiga encontrar uma maneira de aceitar e reconhecer aquele sentimento, e perguntas durante a leitura da história, como: "como ele está se sentindo agora que isso aconteceu?", "o que ele fez quando estava se sentindo daquele jeito?", "foi legal o que ele fez ou ele poderia ter agido de outra maneira?", ajudam a criança a identificar cada emoção vivida pelo personagem e por ele próprio.

Além de nomearmos as emoções enquanto contamos histórias para nossos filhos, deixamos uma dedicatória em cada livro com o objetivo de eternizar aquele aprendizado. Nas dedicatórias, procuramos sempre relatar que sentir aquela emoção é normal, todos sentimos, eles são especiais como são, do jeitinho de cada um. Enfatizo que a força e capacidade de superação estão dentro de cada um deles.

Um estudo recente do psicólogo Keith Oatley, publicado em julho de 2016 na Trends in Cognitive Sciences, aponta a relação direta da ficção com a empatia, indicando que leitores assíduos seriam mais solidários.

Como uma apaixonada por literatura infantojuvenil, consegui ao longo do tempo criar uma lista de livros com os quais trabalho e que são capazes de acessar e identificar emoções para a criança. Ao final do capítulo disponibilizo alguns exemplos.

Incentivar as crianças a escreverem histórias também é uma maneira de ajudá-las a exteriorizar e a identificar suas emoções.

Ajude-as a contar histórias, a criar seus personagens.

Nunca se esqueça de reconhecer seu filho quando ele demonstrar empatia por alguém, reforce positivamente esse comportamento. Frases do tipo "fico muito feliz e orgulhoso que você tenha chamado seu amigo para se divertir com você quando ele estava triste", ou "muito legal de sua parte dividir seus brinquedos com seu colega, isso o deixou bem feliz, eu o vi sorrindo". O reconhecimento do comportamento empático auxiliará a criança a incorporá-lo de maneira natural com o tempo.

Explique à criança como o próprio comportamento dela é capaz de influenciar a vida de outras pessoas, de maneira positiva ou negativa; dê exemplos, pois dessa maneira ela será capaz de se colocar no lugar do outro.

A seguinte ferramenta poderá ser desenvolvida em conjunto, por pais e filhos, e foi inspirada no livro *Have you filled a bucket today*?, de Carol McCloud e ilustrado por David Messing. Serão utilizados papel, canetas variadas e um pote pequeno. A família irá recortar o papel na forma que preferir e escreverá as situações de rotina da infância, como:

| Carlos brigou com o irmão, pegou todos os seus brinquedos e os levou para seu quarto. | Flávia hoje decidiu que assim que chegar ao clube irá brincar com as crianças que estiverem na piscina. | Paulo hoje não conseguiu brincar com nenhum colega no recreio, ficou apenas sentado no banco olhando os outros brincarem. |

Escrevam quantas situações desejarem. A cada novo jogo, novas situações poderão ser criadas. Não se esqueçam de criar situações nas quais diferentes emoções poderão ser identificadas. Em seguida, crie círculos e dentro deles desenhe expressões faciais, assim como os *emojis*, incentive a criança a desenhá-los; em cada círculo no verso escreva a emoção correspondente, triste, feliz, emocionado, envergonhado, ansioso, bravo, decepcionado, frustrado, determinado, confiante, e outras tantas que a família conseguir se lembrar.

Lembrem-se, quanto mais emoções a criança tiver acesso, maior a chance de conseguir percebê-las em si mesma e no outro.

Por último, desenhem diversos corações e recorte-os, o objetivo do jogo é encher o pote de amor com o máximo de corações possíveis, não é um jogo de competição, é um jogo de equipe, em que a família toda irá encher o pote de corações.

Um dos adultos será o "juiz" da rodada, ele será o responsável por ler as cartas e "julgar" quantos corações aquela solução merece. Cada membro da equipe, por sua vez, retirará uma carta do monte sem vê-la e irá entregar ao juiz para que ele leia em voz alta. Quando a situação for apresentada, o juiz irá fazer a seguinte pergunta: "Como essa pessoa está se sentindo?". Cada um deverá buscar nos rostos desenhados, que estarão sobre a mesa, a emoção que ele imagina que o personagem esteja sentindo no momento. Quando todos da equipe já tiverem escolhido os círculos das emoções, outra pergunta será feita: "Como vocês imaginam que o personagem gostaria de estar se sentindo nesse momento?". Novamente os membros da equipe escolhem outro círculo das emoções, não importa se for uma emoção que já foi escolhida. Caso seja uma situação na qual o personagem já sente uma emoção positiva e que não haveria necessidade de superá-la, basta seguir para a pergunta seguinte: "E o que poderia ser feito para que ele se sinta assim? Depende somente dele ou ele necessita da ajuda de outras pessoas para se sentir como ele deseja?". Nesse momento, os membros da equipe apresentam suas ideias e sugestões, o juiz declara quantos corações ganharão, e caso tenha outra sugestão ele deve apresentá-la nesse momento.

O uso dessa ferramenta apresentará diversas situações nas quais a própria criança irá identificar as semelhanças com situações vividas por ela, suas emoções e dos outros, tornando-se assim, mais empático. O envolvimento da criança na produção do jogo é ainda capaz de aproximar pais e filhos em um momento de aprendizagem lúdica. A ferramenta deverá ser adaptada de acordo com a idade e maturidade de cada criança.

Seu super-herói está a postos
Não posso dizer que o treinamento do seu super-herói está concluído, pois sabemos que cada um de nós está sempre em constante evolução; a cada dia novos "poderes" irão surgir, a

capacidade de reconhecer e aceitar suas próprias emoções, de ajudar o outro através da empatia, ter compreensão e respeito será algo cada vez mais forte. Aqui apresento apenas algumas ferramentas simples e que podem ser aplicadas por todos. Você também é um super-herói, pois está conduzindo o seu filho a fazer a diferença positivamente na vida de outras pessoas. Pode parecer utópico de minha parte, mas acredito firmemente que cada sorriso aberto, cada abraço dado, cada palavra de carinho e sabedoria que transmito ao outro está mudando nosso mundo para melhor. Assim, acredito que nossos filhos também serão capazes de salvar o mundo, afinal é o que fazem os super-heróis!

Lista de livros:
- Menina Nina – Duas razões para não chorar.
  Pinto, Ziraldo Alves - Editora Melhoramentos.
- A margarida friorenta.
  Almeida, Fernanda Lopes de - Editora Ática.
- Quando mamãe virou um monstro.
  Harrison, Joanna - Editora Brinque Book.
- Chapeuzinho amarelo.
  Buarque, Chico - Editora José Olympio.
- A lagartixa que virou jacaré.
  Guilherme, Izomar Camargo - Editora Moderna.

Referências
OLIVARES, I.C.; SITA, M., *Manual das múltiplas inteligências*. Editora Ser Mais, 2013.
ROSENBERG, M.B., *Comunicação não-violenta: técnicas para aprimorar relacionamentos pessoais e profissionais*. Editora Ágora, 2006.
Weber, L.; Salvador, A. P.; Brandenburg, O. *Programa de qualidade na interação familiar, manual para aplicadores*. Editora Juruá. 2 ed. -2ª impressão, 2014.

4

S.O.S. pais: a encantadora e complexa arte de educar

Ter filhos talvez seja nosso maior desejo, mas o maior dos desafios. A escolha que leva às maiores renúncias. Damos a vida aos filhos e vivemos a vida para dar a eles o melhor. Mas o que é o melhor? Alguns hábitos adotados na educação contribuem para o desenvolvimento positivo das crianças. Já outros podem levar ao caminho inverso

Andréa Machado

Andréa Machado

Psicóloga e *coach* de pais, filhos e famílias, possui vasta experiência profissional construída em 25 anos de formação. É mestre em Saúde pública pela Fiocruz e possui diversos cursos de especialização na área da psicologia. É especialista em Psicologia positiva e realizou diversos cursos com certificação internacional, dentre os quais o Resilience in Children, da Universidade de Minnesota, e o Parent Coach Certificate. É psicoterapeuta clínica. A paixão pelo trabalho com crianças e famílias faz com que esteja sempre em busca de novas técnicas e de aprimoramento. Acredita que o atendimento familiar fortalece os vínculos de amor e de união.

Contatos
www.kidcoaches.com.br
www.followkids.com.br
andreamachadocomodo@gmail.com
www.facebook.com/followkids-clinica pediátrica multiprofissional
(21) 97458-6446

A felicidade é um estilo de vida que pode ser aprendido em família

Nas últimas décadas, inúmeras descobertas e conquistas foram realizadas proporcionando grandes avanços e novas possibilidades para as pessoas viverem mais e melhor. O incentivo ao consumo, a ambição desmedida e o desejo do sucesso são alguns dos fatores que vieram no bojo do progresso e que levaram ao aumento do trabalho, à diminuição da disponibilidade de tempo para a família e ao surgimento dos "filhos dos quartos". [1]

A boa notícia é que a ciência também fez descobertas incríveis sobre a felicidade, concluindo que 50 por cento dos fatores responsáveis por ela são determinados pela herança genética, 10 por cento são atribuídos às circunstâncias da vida (onde nascemos e oportunidades que tivemos e teremos, condição financeira, adversidades etc.) e que 40 por cento das possibilidades de ser feliz estão integralmente em nossas mãos. Isso é fantástico, pois significa que não precisamos sair em busca da felicidade simplesmente porque podemos transformá-la por nós mesmos mediante o que fazemos, pensamos e sentimos, e por meio das nossas atitudes.

As pessoas felizes não vivem em contos de fadas, elas se estressam, adoecem, sofrem por alguma razão e choram seus lutos. A diferença é que possuem habilidades para superar as intempéries e seguir adiante. As pessoas mais felizes não ficam estagnadas remoendo e lamentando os acontecimentos, elas enfrentam os obstáculos como desafios e não como ameaças. Então qual é o segredo?

Não existe segredo. Não podemos modificar a genética e nem as circunstâncias da vida, entretanto, podemos adotar novos hábitos que nos permitirão viver um estilo de vida mais prazeroso junto daqueles que amamos.

---

1 Termo usado pela pedagoga Cassiana Tardivo para se referir ao distanciamento familiar em razão principalmente do progresso tecnológico, onde se percebe cada vez mais crianças e adolescentes imersos nos seus quartos conectados com o mundo, mas desconectados da família.

Andréa Machado

As pessoas mais felizes:
1. Desfrutam da companhia da família e de amigos com compaixão, empatia, verdade, confiança e dedicação;
2. Expressam gratidão, por tudo que têm;
3. Mostram-se solícitas em oferecer ajuda e sentem prazer em ajudar a quem precisa. (Aqui não se trata de ajuda financeira; está relacionado a gestos de gentileza e cortesia.);
4. São otimistas acerca do futuro;
5. Valorizam e saboreiam o que estão vivendo no momento presente com intensidade;
6. Praticam alguma atividade física; e
7. Comprometem-se verdadeiramente com seus objetivos e responsabilidades e não procrastinam.

Como você deve ter percebido, não há nada de extraordinário nos hábitos das pessoas mais felizes, e podemos adotar pelo menos alguns deles na nossa rotina e na nossa vida familiar. Quando li esses dados pela primeira vez me lembrei de uma filosofia africana que adoto em minha vida. Talvez você já tenha ouvido falar dela. Certa vez, um antropólogo que fazia uma pesquisa na África resolveu fazer uma brincadeira com um grupo de crianças. Ele colocou um cesto com vários doces sob uma árvore e organizou uma corrida. Avisou as crianças que a primeira a chegar até o cesto de doces o receberia como prêmio. As crianças toparam a brincadeira e se alinharam para o início da corrida. No momento em que ouviram "Já!", todas as crianças se deram as mãos, correram e pegaram o cesto juntas, comemorando unidas. O antropólogo se surpreendeu com a situação e perguntou por que fizeram aquilo. Foi quando uma delas então disse: "Ubuntu, tio! Como uma de nós conseguirá ficar feliz vendo todas as outras tristes? E não é esse o sentido de família?"

Ubuntu significa "sou quem sou porque somos todos nós". E o que essa filosofia tem a ver com a família? A família é o primeiro núcleo social ao qual pertence toda e qualquer pessoa. É o alicerce sobre o qual se apoiarão as potencialidades do adulto em construção. A família é um sistema integrado no qual o comportamento de qualquer membro da família afeta e é afetado por todos os outros, e isso é assim por uma razão muito simples: ninguém é alguém sem outro alguém! Isso faz todo o sentido se pensarmos a partir do significado literal da palavra criar.

Criar deriva do latim *creare*, significando "dar existência a", "tirar do nada", "fazer crescer", "dar forma". E é exatamente isso que acontece. É a partir da família que nos tornamos alguém. Não importa com quantas outras pessoas a criança irá conviver ao longo da vida dela, nenhuma será tão impactante quanto seus pais. A família dará à criança a forma, a essência. É fundamentalmente a partir do estilo educacional[2] adotado pela família na sua educação que ela vai nortear suas noções de convívio social, sua forma de amar, de se comunicar e de se relacionar. Com a família, a criança aprenderá a priorizar certas coisas em detrimento de outras, a fazer escolhas sem sofrer pelas renúncias. Enfim, seu modo de ser e de viver serão resultados da vivência relacional no núcleo familiar.

S.O.S. pais: a encantadora e complexa arte de educar
O nascimento de uma criança é algo fascinante, algo muito desejado pela maioria das famílias, entretanto, criá-la é um grande desafio. A relação entre pais e filhos é ímpar, extremamente gratificante, porém, momentos de turbulência sempre vão existir. A criança é capaz de despertar sentimentos contraditórios que vão desde o amor e o afeto até sentimentos de raiva e desespero quando tiram os pais do sério com birras, malcriações e manipulações, ainda que nada disso seja intencional. Lembra-se do que eu falei sobre encarar os acontecimentos como desafios ou ameaças? Parece que não, mas é um detalhe que faz toda a diferença. Como você se sente diante de uma ameaça? Certamente bem melhor do que se sente diante de um desafio. Segundo Johnson, a vida é constituída de picos e de vales. Os picos são os bons momentos e os vales os tempos difíceis. Os pais devem ensinar a seus filhos a conquistarem seus momentos de picos e a caminharem pelos vales que surgirem sem cair, e isso dependerá muito do estilo parental adotado na educação da criança.

O estilo educacional superprotetor não prepara a criança para a autonomia e para a independência, não a ensina a lidar com a frustração (momento de vale) e acaba impedindo o desenvolvimento da resiliência porque os pais impõem poucos limites e oferecem muito afeto. Pais autoritários adotam educação extremamente rígida com muitos limites e transmitem pouco afeto aos filhos e, assim como os

---

2 Estilo educacional é a forma como os pais conduzem a educação da criança podendo ser autoritário, superprotetor, negligente e recíproco e que influenciam no desenvolvimento das habilidades sociais.

pais superprotetores, acabam dificultando o futuro de seus pequenos, mesmo que tenham boas intenções.

Mas como educar? Não existe fórmula, porém podemos educar partindo de três pilares fundamentais: autonomia, limite e afetividade. Autonomia porque amar um filho é permitir a sua independência; limite porque a consistência constrói a confiança, e, por último, mas não menos importante, a afetividade porque sentir-se amado é o que se deseja antes de tudo. Diante disso, chegamos ao estilo educacional recíproco que se baseia em uma educação pautada em regras e limites claros, mas repleta de afeto que faz com que a criança aprenda desde cedo quais são os seus deveres e privilégios e as consequências dos seus comportamentos. É recíproca porque a criança participa ativamente da família, os pais consideram importantes as suas opiniões, elogiam as atitudes adequadas, apontam e fazem valer as consequências de atos inadequados cometidos pela criança. Esse modo de educar favorece que a criança desenvolva seu DNA motivacional, em que o D representa o Desejo pelas conquistas, o N representa as Necessidades e o A representa a Agraciação (recompensa emocional ou material, conquistas) (Portella, 2016). A criança aprende a se motivar e a adquirir impulso, o esforço para atingir determinado objetivo, pois é levada a entender a razão pela qual tem responsabilidades e tarefas a cumprir desde cedo e a sentir o gosto da conquista quando consegue realizar suas tarefas com autonomia.

Os pais podem adotar soluções simples tornando a "tarefa de educar" algo prazeroso e gratificante, e ao mesmo tempo preparar os filhos para viverem no futuro uma vida plena, autônoma e de sucesso, o que pode ser facilitado evitando alguns equívocos muito comuns que passo a mencionar a seguir.

Mitos e verdades sobre a educação das crianças

Alguns comportamentos devem ser evitados para não levar os filhos à distorção de que o mundo está aos seus pés, e torná-los intolerantes às frustrações ou inseguros e dependentes para o resto da vida.

Fiquem atentos a alguns equívocos:

1 - Fazer pela criança coisas que ela é capaz de fazer sozinha, por exemplo: os trabalhos de casa e guardar seus sapatos e brinquedos. A criança deve ser estimulada a arcar com as "responsabilidades" dela desde cedo, e isso tem que ficar claro. Quando o filho passa a esperar os pais chegarem para fazer suas tarefas, ele acaba não desenvolvendo suas competências: não desenvolve o hábito de fazer perguntas para a profes-

sora, não aprende a construir autoconfiança para levantar a mão e dizer que não entendeu e pedir nova explicação. O processo de pensamento da criança será o de não precisar se preocupar se não entendeu, pois sabe que alguém fará isso por ela. A melhor dica, e sempre fiz isso com minhas duas filhas, é supervisionar se a tarefa foi realizada. Lembre-se: os pais devem dar apoio, e isso pode ser feito simplesmente pelo companheirismo. Aproveite quando chegar do trabalho para fazer coisas prazerosas com o filho, como brincar e se divertir com ele. Proporcione momentos alegres para que ele sinta muita vontade pela sua chegada do trabalho porque sabe que vai ser gostoso ficarem juntos e sabe que você ficará orgulhoso quando ele te mostrar o trabalhinho já feito!

2 - Fazer sacrifícios, inclusive financeiros, para dar à criança o que ela quer. Os pais devem discernir entre o que a criança quer do que ela realmente precisa, e isso fará toda a diferença na vida adulta dela. Quando a criança recebe facilmente tudo que deseja, ela não aprende a "saborear" o que recebeu e muito menos a dar valor. Muitos presentes acabam banalizados, e a criança perde o sentido da conquista. E vamos combinar que obter o que conquistamos tem um gosto muito melhor porque podemos dizer assim: "Puxa vida! Valeu a pena, foi mérito meu!"

3 - Recompensar imediatamente. As crianças de hoje parecem estar acostumadas ao imediatismo e acabam crescendo sem saber o que é esperar, e só valorizam o que dá prazer imediato. A espera é essencial para o aprendizado da vida. Crianças capazes de esperar pelo que desejam desenvolvem maiores habilidades sociais, e desenvolvem em menor frequência transtornos emocionais se comparadas às crianças que não adquiriram o hábito de esperar. Adiar recompensas é fundamental para o desenvolvimento do autocontrole, da inteligência emocional e da saúde da criança e do adolescente[3].

4 - Antecipar-se à criança. Permita que a criança aprenda a pedir ajuda quando precisar e a reconhecer o que sente. Você deve estar atento para evitar o que é realmente perigoso, mas deixe-os fazer as coisas por si mesmas. Por exemplo, subir no escorrega, sair da piscina de bolas. É importante estar em alerta, mas não desesperado. Pare e pense por uns segundos se a situação está apenas gerando um desconforto

---

[3] Teste de Marshmallow realizado por Walter Mischel para avaliar os benefícios do autocontrole e da capacidade de adiar recompensas. Concluiu-se que as crianças que conseguiram esperar mostraram-se mais competentes tanto cognitivamente quanto socialmente ao longo da vida. Também foi constatado que alcançaram as melhores carreiras e lidaram melhor com o estresse e com frustrações.

para a criança ou se ela corre algum risco, ou se a situação é de ameaça ou apenas de desafio. Mogel (2008), em seu clássico *The Blessing of a skined knees*, enfatiza a importância dos joelhos ralados – "machucar os joelhos" faz parte da vida. Ensine seu pequeno a evitar os perigos evidentes, mas não confunda vulnerabilidade com fragilidade, permita que a criança cresça cada vez mais independente e autoconfiante, e isso vai inclusive permitir o desenvolvimento da sua autoestima.

5 - Pensar que é ruim a criança se sentir ociosa, sem ter o que fazer. O ócio, por incrível que pareça, é fundamental para o desenvolvimento saudável da criança, é o que chamamos de ócio de lazer, que são momentos preciosos nos quais a criança aprende a usar sua imaginação, sonha acordada, cria, fantasia e aprende a se conhecer melhor e a usar todos os seus sentidos. Muitos pais lotam a agenda da criança com atividades (natação, inglês, futebol, balé, teatro, etc.) e ela acaba estressada, cansada e irritada pelo excesso de "compromissos" diários.

6 - Dizer coisas como: "Para com isso! Isso não foi nada, é besteira! Engula o choro!" Os pais devem entender que é natural os filhos se sentirem, em algum momento, desapontados e frustrados. Pode ser que seu filho fique de fora de alguma brincadeira ou campeonato ou que não seja convidado para algum aniversário, que sua bola fure ou que seu brinquedo quebre. Sempre que isso acontecer, não menospreze o motivo do choro e permita que a criança expresse o que está sentindo. Você pode perguntar algo do tipo: "Esse problema é pequeno, médio ou grande?" Deixe que a própria criança mensure a magnitude do ocorrido. Não cabe a você nesses momentos fazer isso por ela, principalmente minimizando o que aconteceu. Dizer que é besteira ou que o amiguinho é bobo, culpar o amiguinho ou dizer para "deixar pra lá" não favorece a criança, pois não a levará a pensar e a refletir quais novas atitudes poderá passar a adotar para evitar novos dissabores. Agindo dessa maneira, você a estará ajudando a criança a ficar muito melhor preparada para a vida real desenvolvendo as habilidades necessárias, como tolerância à frustração, persistência, paciência e controle sobre as emoções. Só assim ela vai entender que nem tudo é exatamente do jeito que gostaria que fosse, mas que ainda assim pode ser feliz, pois estará desenvolvendo a resiliência para saber superar os obstáculos da vida.

Os mais simples e maiores acertos

Participe ativamente das atividades de seu bem mais precioso. Conheça seus amigos, seus medos, seus ídolos, saiba do que eles gostam, quais as suas preferências, cante suas músicas. Incentive-os a expressarem seus sentimentos, divirta-se com ele, dê gargalhada, faça com que ele fique ansioso todos os dias para que você chegue do trabalho, abrace-o e o beije bastante. A atenção dispensada à criança é para ela uma recompensa valiosa. Toda criança deseja ser alvo de atenção e, por vezes, até se comporta inadequadamente para tentar conseguir isso. Dê seus ouvidos e olhos a seu filho quando estiver com ele. É importante que ele perceba que você está totalmente atento e disponível a ele, portanto: esqueça o telefone, a televisão ou qualquer outra coisa. Pergunte a ele como foi seu dia demonstrando real interesse. Se o tempo estiver muito curto, uma boa pedida é aproveitar o tempo no carro, ou enquanto esquenta o jantar para conversar. Use a criatividade, ouse!

Finalizando

Entendendo a concepção de que a família é um sistema e de que exerce papel protagonista na educação da criança, vocês, pais, estão aptos a preparar seus pequenos para uma vida autônoma, digna e feliz. Portanto, ame seu filho simplesmente como ele é! Não se lamente pelo que gostaria que ele fosse. Aceite suas limitações e imperfeições – inclusive as suas próprias. Você é humano, nunca se esqueça disso. Algumas coisas os pais podem ajudar a mudar, outras devem simplesmente aceitar e amar. Os pais podem e devem ajudar seus filhos a potencializarem seus pontos fortes e a desenvolverem habilidades, assim como devem aceitar que para determinadas coisas os filhos não possuem talentos, pois até as mais lindas flores têm espinhos. Há quem veja isso como imperfeição da natureza, há quem veja o contrário! Os tais 50 por cento da genética incluem também os nossos "não talentos" para algumas coisas. E nunca se esqueça do que diz Lyubomirsky em seu livro A ciência da felicidade (2008): "A fonte da felicidade está nos nossos comportamentos, no que pensamos e nas metas que estabelecemos a cada dia", e conclui a autora: "Não há felicidade sem ação". Então vamos nos colocar em movimento e façamos isso com a nossa família e pela nossa família. Afinal, Jesus nos deixou uma linda mensagem em forma de prece. Não é à toa que a oração diz: Pai "nosso"; venha a "nós"; perdoai "nos", deixando muito claro a importância da família, da união entre as pessoas, da importância de compartilhar e de cuidarmos uns dos outros. Portanto, pais, tirem seus filhos do quarto, desconectem-se do *wi-fi* e conectem-se a sua família. Ubuntu a todos!

Andréa Machado

Referências

BILAC, Elisabete Dória. "*Família: algumas inquietações*", In Carvalho, Maria do Carmo Brant de (org.). *A família contemporânea em debate*, São Paulo: Cortez, 2000.

HENDERSON, N. *Preface*. In N. Henderson, B. Benard, N. Sharp-Light (Eds.), Resiliency in action: practical ideas for overcoming risks and building strengths in youth, families, & communities. San Diego, CA: Resiliency In Action, Inc.,1999.

Journal of child and family Studies. Volume 24, Issue 7, pp 1861-1875 julho 2015

Lyubomirsky, Sonja. *A ciência da felicidade: como atingir a felicidade real e duradoura*. Rio de janeiro: Elsevier, 2008.

MASTEN, Ann. *Ordinary magic: lessons from research on resilience in human development*. Canadian Education Association, 2009.

MASTEN, Ann. *Resilience in individual development: Successful adaptation despite risk and adversity*. In Wang, M. and Gordon, E. Educational resilience in inner-city america: challenges and prospects. Hillsdale, NJ: Lawrence Erlbaum Associates, 1994.

MOGEL, Wendy. *The blessing of a skinned knee*. Penguin Compass Patterson, Charlotte. Handbook of Psychological and Sexual Orientation Oxford University Press, 2013.

PORTELLA, Mônica. *Teoria da potencialização da qualidade de vida: propostas da psicologia positiva*. Rio de janeiro; CPAF-RJ, 2013.

_____, Mônica. *Capital psicológico+*, Rio de Janeiro: IIPsi+, 2015.

SELIGMAN, Martin, E P. *Florescer: uma nova compreensão sobre a natureza da felicidade e do bem-estar*. Rio de Janeiro: Objetiva, 2011.

WEBER, Lidia. *Eduque com carinho*.Curitiba: Juruá, 2014.

Sites

Do casamento à separação: aspectos subjetivos na vivência da separação conjugal. Disponível em: <https://psicologado.com/psicologia-geral/desenvolvimento-humano/a-eratecnologica-uma-questao-de-avancos-ou-de-perdas-na-essencialidade-humana© Psicologado.com>. Acesso em: 08 maio 2017.

Dicionário brasileiro da língua portuguesa. Disponível em: <http://michaelis.uol.com.br/moderno-portugues/>. Acesso em: 08 maio 2017.

Significado de UBUNTU. Disponível em: <https://www.youtube.com/watch?v=F2Pqx1FLQ8I>. Acesso em: 08 maio 2017.

5

Pais conscientes. Educamos e crescemos juntos

Na jornada como psicóloga e *coach*, interessei-me pela qualidade de vida e desenvolvimento saudável das crianças, identifiquei que existem muitos programas com foco nelas, deixando de lado pais e educadores, atores principais na educação consciente de nossas crianças. Agora vou compartilhar dicas práticas para juntos se divertirem, aprenderem e crescerem

Betty Gómez Manzano

Betty Gómez Manzano

Betty Gómez Manzano é colombiana, mãe, esposa, psicóloga e *master coach* de inteligência emocional, pais e filhos e analista comportamental. Atua em treinamentos online e presencial. É apaixonada pelo desenvolvimento humano e acredita que a família é a primeira escola. Seu propósito é gerar consciência nos pais e mães, para que gerenciem o que acredita ser nossa principal empresa: a família. Assim, assumimos a missão mais desafiante da vida, educar nossos filhos felizes e saudáveis. Graduada em Psicologia pela UNAD, (Colômbia), pós-graduação em Gerência do talento humano pela UPB (Colômbia), Master coach certificada pela FAJ (Brasil), Advanced coaching practitioner certificada pela Abracoaching (Brasil), Practitioner SOAR, Soar advanced certification program pela Florida Christian University (USA), Coaching para pais pela Parent Coaching Academy (UK). Idealizadora do CIEFES I Congresso internacional da educação para pais. Idealizadora do Programa pais conscientes filhos felizes e workshop A arte de falar não para nossos filhos sem falar não.

Contatos
www.bettygomezmanzano.com
facebook.com/bettygomezmanzano
betty@bettygomezmanzano.com
(19) 99607-8328

"A família é nossa primeira escola de aprendizado emocional."
Daniel Goleman.

Nós, como pais e mães, somos as referências para os nossos filhos. Se formos felizes, em crescimento contínuo, vibramos por um propósito e conseguimos que nossas emoções trabalhem para nós, é muito provável que nossos filhos também sejam felizes.

Sempre tive muito interesse em trabalhar pela qualidade de vida, incluindo o desenvolvimento saudável e integral, e garantir os direitos das crianças. Minha experiência profissional me ensinou que é fundamental esse processo de empoderamento consciente do pai e da mãe para atingir o objetivo.

Quando fiquei grávida, meu interesse aumentou. Comecei a procurar ainda mais qual é a melhor forma para que meu filho se desenvolva fomentando sua essência. Nessa pesquisa, além da experiência mágica de ser mãe e psicóloga, aprofundei-me no *coaching*, PNL e na Inteligência Emocional. Ficou ainda mais claro que procurar as melhores práticas para o desenvolvimento de nosso filho é muito importante, porém é fundamental buscar nosso autoconhecimento também, aprendermos a ser emocionalmente saudáveis e permitir-nos crescermos como indivíduos, e assim crescermos juntos, pais e filhos. Novamente citando Daniel Goleman: "Os pais são os primeiros modelos dos filhos. As crianças aprendem muito com os pais e este aprendizado serve de base para sua vida. O melhor que os pais podem fazer hoje e sempre por seus filhos é serem seres emocionalmente inteligentes".

Ser pai e mãe consciente é ter clareza que somos a primeira conexão emocional que nossos filhos possuem. Com a mãe, a conexão é pioneira, desde a concepção. Desse relacionamento de amor incondicional que temos com nossos filhos depende o desenvolvimento integral e saudável do bebê e consequentemente da criança, adolescente e adulto. Costumo falar que o amor nunca é demais e que precisamos dele a vida toda.

Mas como ajudamos os nossos filhos a construir relacionamentos saudáveis? Interagindo com eles com amor, aceitação, empatia, presença e parâmetros claros, assim eles desenvolvem conexões neurais fortes e saudáveis. Nós, seres sociais, precisamos interagir com o outro e sermos reconhecidos para construir o eu saudável. Isso tudo é aprendido a partir do relacionamento que temos com nossos modelos de poder (pai, mãe e cuidadores). Daí a importância do exemplo e a da coerência sobre o que comunicamos para nossos filhos, já que somos espelhos para eles. Quando falo de comunicação estou falando da coerência entre o que falamos e como nos comportamos nas diferentes áreas da vida.

Você já pensou se o que você fala para que seus filhos façam é coerente com o que você faz?

Educar filhos saudáveis e felizes é entender que eles são seres únicos e íntegros, com talentos e potencial próprio os quais são estimulados, promovendo experiências para que consigam ter descobertas espontâneas, conseguindo fomentar o pensamento crítico e a expressão livre.

Como pai e mãe conseguem gerar estas experiências?

Ser modelo autorresponsável

Desenvolvendo habilidades emocionais, aprendendo a ter conexão com nós mesmos, reconhecendo, aceitando e aprendendo com nossa própria história, assim como honrando o nosso pai e nossa mãe, pois eles fizeram o melhor que sabiam fazer, com intenção positiva de educar da melhor maneira seus filhos. Libertamo-nos de crenças limitantes e fortalecemos nossos talentos, nossa essência, libertando o Emmanuel, nosso filho, de nossas expectativas ou situações emocionais mal resolvidas. Ainda hoje nos desafiamos a cada dia para educar o Emmanuel, sendo conscientes e estando vigilantes para não colocarmos nossas próprias expectativas, permitido que ele se desenvolva em sua essência, de maneira autêntica. Sabemos que não é uma tarefa fácil, mas é possível.

Nesse processo, percebemos que fazemos muitas coisas no automático, repetindo de forma inconsciente o mesmo padrão de educação recebida por nossos pais, comportamentos que às vezes ficávamos tão magoados, irritados, tristes e que não desejamos repetir com nosso filho.

Somente após entendermos nossas emoções e modelos mentais podemos ensinar para nossos filhos como lidarem com as emoções. Entendendo que a única pessoa no mundo que você consegue mudar é você mesmo. As mudanças começam em nós.

Quando temos essa consciência conseguimos transformar e impactar positivamente a vida de nossos filhos.

É claro que não existe um manual para desenvolver a carreira desafiante de ser pais e mães perfeitos. Não existe perfeição na maternidade/paternidade. Mas podemos, sim, desejar entregar sempre o melhor que podemos fazer, de forma consciente e responsável; procurar sempre ser a nossa melhor versão, para que assim possamos contribuir para criarmos filhos emocionalmente saudáveis.

Fomentemos a responsabilidade em nossos filhos

Como já falei, somos os modelos para nossos filhos e desejamos que eles sejam felizes e bem-sucedidos. Um dos principais segredos das pessoas felizes e bem-sucedidas é ser responsável pelos próprios atos, assumir as consequências de comportamentos e escolhas. Pais e mães conscientes gerenciam, o que eu acredito, nossa principal empresa: a família. Assim assumimos a missão mais desafiante da vida: educar os filhos. "O sentido da responsabilidade faz-se consciente quando a pessoa se dá conta de que tem que cumprir uma "missão". (Viktor Frankl).

Como fomentar responsabilidade em nossos filhos?

É fomentada desde a infância, quando promovemos pequenos desafios, tarefas, deveres e obrigações para os filhos de acordo com a idade e o que foi acordado. Quando nossos filhos assumem responsabilidades que fazem sentido para eles, eles se sentem úteis, desafiados e felizes.

Incentivar nos filhos as responsabilidades, a capacidade de decisão e a atitude de fazer acontecer cada vez que atingem o objetivo com pequenos ou grandes esforços vão desenvolvendo a autonomia e a autoestima, inspirando a sensação de autoconfiança, segurança e a crença de que "eu posso", "é divertido".

Se tiramos deles a possibilidade de assumir responsabilidades por medo, proteção ou falta de tempo, a mensagem que estamos passando inconscientemente pode ser: "eu não consigo, eu sou incapaz", e consequentemente eles podem desenvolver dependência e uma baixa autoestima.

Desenvolver a atitude da "responsabilidade de nós mesmos é claramente indispensável para a autoestima positiva. Se iludimos esse compromisso, transformamo-nos em vítima de nossas próprias vidas", diz o psicólogo Nathaniel Branden.

Delegue responsabilidades e ensine-o a fazer escolhas e assumir as consequências de seus atos desde cedo.

Uma situação que experimentamos com a maravilhosa companhia e amor incondicional dos avós: sendo Emmanuel o neto mais novo da família, quando ele se machucava com um brinquedo, por exemplo, escutávamos os avós dizerem:

"Coitadinho de meu menino, aquele brinquedo machucou você, vamos bater nele também; brinquedo, isso não se faz com o meu menino".

Vamos refletir: Qual é o aprendizado que Emmanuel estava tendo? Será que ele estava aprendendo a ser responsável pelos seus atos? Será que ele estava aprendendo a assumir as consequências de seus atos?

O que ele estava aprendendo é que o outro (pessoa, coisa, animal etc.) recebe a culpa pelos seus atos, da sua falta de atenção ou das dificuldades que ele possa ter na vida. Dessa maneira, estávamos fomentando nele a atitude de vítima perante a vida. E nesse momento estávamos falando de um brinquedo, algo que parece simples, mas quando Emmanuel for um adulto, como resolveria as suas dificuldades? De quem seria a responsabilidade por suas escolhas?

Então qual será o jeito certo de agir? De acordo com nossa experiência, começamos a fazer perguntas ao lado dos avós quando acontecia esse tipo de situações:

O que aconteceu, Emmanuel? O que você pode fazer de diferente na próxima vez? E quem é que deve estar atento para não se machucar com o brinquedo, mesa, cadeira, etc.?

E assim os avôs também começaram a agir diferente. Dessa maneira, conseguimos crescer juntos a partir de uma situação que nos levou a realizar mudanças na comunicação de forma assertiva, com perguntas positivas, tirando da situação um aprendizado e fortalecendo o relacionamento familiar.

Agora, para estimular a responsabilidade de seus filhos é preciso conectar-se com a criança e seu desenvolvimento. Construir as tarefas e o combinado juntos, atendendo as necessidades, espontaneidade da criança e o tempo de cada um.

Possíveis atividades para desenvolver com nossos filhos
A partir de 0 e sempre

Seja coerente com o que você fala e o que você faz, lembre-se de que a "criança vê", a "criança faz"; o exemplo fala mais que mil palavras.

A partir de 1 ano

Podemos ensinar os filhos a cuidarem de seus brinquedos, ajudando-os a guardar e organizar "brincando". Com Emmanuel, o incentivamos a colocar o que foi usado durante a brincadeira de volta à caixa de brinquedos. Assim que ele guarda, nós o parabenizamos: "Parabéns, filho", e batemos palmas! Ele fica feliz e torna-se uma tarefa divertida e prazerosa!

2 e 4 anos

Ainda em forma de brincadeira – já dá para começar a ensinar a vestir as próprias roupas; deixamos que faça a escolha da roupa; colocamos as opções e ele escolhe; também levar o lixo na lixeira, ajudar a arrumar a mesa, cuidar do alimento dos cachorros. É importante que o adulto sempre esteja por perto.

5 e 7 anos

Hoje, Emmanuel tem seis anos, algumas das tarefas são arrumar a cama, colocar a roupa suja no cesto; e agora nas férias, por iniciativa dele, prepara o suco na hora do almoço. Ele ama fazer experimentos na cozinha, sente-se feliz ajudando com as tarefas em casa e gosta muito de sentir-se útil, incluído e acompanhado no desenvolvimento delas. Na época escolar, incentivamos o cuidado com sua mala da escola, com a lancheira, assim como com o uniforme escolar.

Lembremos que cada família é única; a ideia é que nós, como pais e mães, incentivemos o poder da escolha e a responsabilidade em família, assim todos terão responsabilidades, de acordo com as habilidades, interesses e talentos de cada indivíduo. Quando todos participam gera maior comprometimento nos processos.

Ser um mentor emocional

Ser um mentor emocional é ter autoconhecimento, ser coerente com nossas emoções e comportamentos. É ser exemplo e entender que nossos filhos farão o que eles observam e não aquilo que só falamos. Ser mentor é conhecer nossos talentos e fraquezas e, mesmo assim, aceitar-nos e amar-nos. É elogiar os filhos a partir do esforço, reconhecendo a ação. Ser mentor é aproveitar os momentos de fracasso para tirar os melhores aprendizados.

Exemplo: Quando acontece alguma coisa que deixa você triste e seu filho pergunta: pai/mãe, o que aconteceu? Você está triste? O que você fala para ele?

1. "Sim, filho, estou triste porque aconteceu..." E compartilha com ele sua situação.

2. "Nada, filho", dá um sorriso e coloca uma máscara em seu rosto, fingindo que nada aconteceu.

Um pai considerado mentor emocional será coerente com sua emoção e falará de forma sincera com o filho. Assim é o jeito saudável de agir.

O semáforo da consciência emocional

No exercício abaixo, reflita sobre seu autocontrole e de como pratica a empatia:

> **Sinal vermelho:** 1. Pare. Respire, acalme-se e pense antes de agir.
> **Sinal amarelo:** 2. Diga qual é o problema e como você se sente.
> 3. Estabeleça uma meta positiva e responsável.
> 4. Pense em muitas soluções.
> 5. Tente prever as consequências.
> **Sinal verde:** 6. Siga e tente o melhor plano.

Ser contadores de histórias, inspirando nossos filhos

Compartilhe histórias com seus filhos, dessa maneira você estimulará a imaginação e desenvolverá a criatividade deles.

É uma ferramenta maravilhosa para que eles aprendam lições valiosíssimas de vida. Com as histórias conseguimos entrar no mundo de nossos filhos, conseguimos orientá-los, identificando e ensinando valores.

O que eu acho fantástico da brincadeira é que geramos relacionamentos com confiança, aceitação, sem julgamentos, e expressamos emoções (alegria, medo, raiva, tristeza) e conhecemos qual é a percepção que as crianças têm da vida.

Somos acostumados a contar histórias para o Emmanuel, o qual ama escutar, perguntar e também se expressar contando suas próprias experiências. Assim resgatamos e fomentamos o pensamento crítico e a expressão livre, construímos valores familiares, damos gargalhadas, risadas e brincamos em família.

A seguir, trago uma brincadeira proposta pelo Augusto Cury, em sua metodologia Escola da inteligência:

Vamos precisar de uma caixa ou sacola.

Recorte várias tiras de papel.

Em cada tira, escreva palavras, por exemplo: paciência, amizade, amor, pai, mãe, escola, casa, cair, vitórias, perdas, tristeza, carinho, felicidade, poder, bondade, sonhos, abraço, etc. Deixe a imaginação criar.

Coloque as tirinhas na caixa.

Cada participante da brincadeira deve pegar uma tirinha de papel, ler a palavra e falar sobre uma lembrança relacionada à palavra.

Todos os demais poderão colaborar e acrescentar mais reflexões e lembranças sobre a palavra.

Após compartilhar suas reflexões, passe a caixinha para o próximo a sua direita, que deverá realizar o mesmo procedimento. Aproveite esse momento.

Ser presente e criar vínculos

Hoje, estamos ausentes nas vidas dos filhos não só por longas horas de trabalho, mas também pela necessidade de estar conectados em redes sociais, com inúmeras mensagens de diferentes grupos virtuais, limitando consciente ou inconscientemente a presença na vida e no desenvolvimento integral das crianças. E como aprendemos com o exemplo, estamos gerando como resultado o mesmo comportamento nelas, as quais estão envolvidas na maioria do tempo com a tecnologia (televisão, vídeo game, *tablet*, computador, entre outros). Isso pode gerar crianças irritadas facilmente, com dificuldade no comportamento e relacionamento com os outros, que não conseguem manter o olhar na conversação, ficam impacientes com o tempo deles e do outro, têm dificuldade de se colocar no lugar do outro, permanecendo isolados e perdendo as habilidades sociais; aqueles comportamentos são modelos aprendidos em casa, eles repetem padrões verbais, comportamentais e de pensamento dos primeiros modelos, que são o pai e a mãe; além disso, são também influenciados pelos meios de comunicação, ambiente e sociedade.

Mas como podemos lidar com isso e exercer o poder da presença no dia a dia com nossos filhos?

Dialogar em família, de preferência na mesma altura de nossos filhos (olho no olho), reconhecendo, nos colocando no lugar deles, entendendo as suas necessidades e interesses e compartilhando as nossas.

Sair juntos a um parquinho, gerar conexão com o meio ambiente, contemplar as flores, as estrelas, sentir o ar, ter contato com outras pessoas, brincar juntos, falar das coisas que estamos observando, do que aconteceu na escola e ouvir de forma atenta. Agindo sempre com muito amor.

Combinar momentos juntos em atividades diárias, como preparar os alimentos, arrumar a casa, estimulando o trabalho em equipe e a construção do tempo com qualidade e presença.

Importante: fazer acordos familiares para criar hábitos saudáveis para todos, aprender a deixar do lado e desligados os aparelhos tecnológicos, e assim desfrutar da companhia um do outro.

Referências
GOLEMAN, Daniel. *Inteligência emocional* [recurso eletrônico] / Daniel Goleman; tradução Marcos Santarrita. Rio de Janeiro: Objetiva, 2011. recurso digital.
FRANKL, Viktor. *Conceito de responsabilidade e missão.* Disponível em: <http://www.resumosetrabalhos.com.br/viktor-frankl.html>.
BRANDEN, Nathanael. *El poder de la Autoestima,* tradução de Maria V. Arauz, Barcelona: Paidos, língua castellano, edição, outubro, 2011.
CURY, Augusto. *Escola da Inteligencia educação socioemocional,* edição: LFGE/1ª edição/país/responsáveis/2015-PAN160.000.

6

Transmitindo valores que duram para sempre

O aprendizado de valores é muito importante para o desenvolvimento saudável do seu filho. Neste capítulo, você vai aprender ferramentas específicas para que consiga definir quais valores quer ensinar para seus filhos, bem como técnicas que pode usar no dia a dia para transmiti-los de forma eficaz

Camila Machuca

Camila Machuca

Psicóloga pela PUC-PR, especialista em neuropsicologia pela USP e em PCIT – Parent child interaction therapy pela University of West Virginia. Parent coach pelo The Parent Coaching Academy e Kid coach com formação no Método Kidscoacking pela Rio Coaching. Atua com avaliação neuropsicológica e atendimento clínico de crianças e adolescentes, além de prestar consultoria para pais em questões relativas à educação de filhos e desenvolvimento infantil.

Contatos
www.camilamachuca.com
camilaamachuca@gmail.com
Instagram: camilamachucapsi
(41) 98832-9891

> "Se você for pai ou mãe, reconheça que este é o seu chamado mais importante e o seu desafio mais recompensador. O que você faz, o que você diz e como você age a cada dia contribuem mais para moldar o mundo do que qualquer outro fator."
>
> Marian Wright Edelman

Todo pai entra na missão de exercer a paternidade querendo acertar. Durante toda a minha prática clínica, ainda não conheci pais que erram de propósito. Acontece que o exercício da criação de filhos traz inúmeros desafios. Cada fase nova apresenta o domínio de uma nova competência por parte dos pais. E tudo isso acontece sem que ao menos haja um manual de instruções, não é mesmo?

Sei que isso pode ser confuso, por vezes frustrante e até mesmo cansativo. Quando recebi o convite para fazer parte do grande projeto, que hoje é este livro que está em suas mãos, passei um tempo refletindo de que maneira poderia contribuir com um tema relevante e ferramentas práticas, que pudessem passar maior confiança e assertividade na hora de educar os filhos. Afinal, não existe missão mais nobre do que essa: guiar e educar uma criança que inicialmente depende totalmente de você, até que se torne um adulto independente e pronto para fazer suas escolhas e deixar sua marca neste mundo. Nesse momento, é prazeroso olhar e constatar nele marcas dos ensinamentos que você passou e valores tão vívidos que você se esforçou para imprimir em seu caráter.

E é na verdade este tema que escolhi para desenvolver de forma mais ampla: a importância dos valores dos pais na construção da autoestima dos filhos. Toda a identidade da criança vai se desenvolver pautada nesse alicerce, afinal os pais são os espelhos através dos quais a criança se enxerga. Ela vai definir seu valor, autoimagem e potencial baseado na fala e comportamento dos pais em direção a ela.

Camila Machuca

Os valores e a sua importância

Agora que estabelecemos essa conversa inicial e você sabe o que vai encontrar neste capítulo, gostaria que parasse por alguns minutos e refletisse sobre as seguintes perguntas:

- Quais são os valores mais importantes que você gostaria de ver impressos no caráter do seu filho(a)?
- Quais são os valores que no futuro, quando seu filho for adulto, você gostaria de vê-lo colocando em prática?
- Se você tivesse apenas uma chance de acertar, qual seria o valor que você não deixaria de ensinar ao seu filho?

Troque uma ideia com seu cônjuge, se for casado(a), caso contrário reflita consigo mesmo(a). As respostas dessas reflexões são muito preciosas, pois poderão determinar um futuro diferente para seus filhos. Talvez você esteja se questionando por que isso é tão importante. Vou propor uma ilustração para ajudá-lo a compreender a relevância disso.

Quando vamos abrir uma empresa, precisamos fazer um estudo cauteloso e definir os valores, visão e missão dela, certo? Porque são eles que serão seus pilares de sustentação, que vão lhe conferir identidade e, por consequência, guiar seu funcionamento. A mesma coisa acontece com a nossa família. Preocupamo-nos com tantas coisas: alimentação, limites, sono (que tem o seu grau de importância), mas nos esquecemos do mais importante, que é definir quais são os valores que irão definir o tipo de pessoa que nossos filhos serão. Precisamos decidir quais são os valores que vão guiar nosso processo educativo, pois eles serão a base do desenvolvimento dos nossos filhos. Serão o apoio sobre o qual irão formar sua personalidade, fazer suas escolhas de vida e aprender o valor que tem para si e para o mundo que os cerca.

É curioso observar na minha prática clínica que quando faço essas perguntas que acabei de propor, a maioria dos pais se pega sem saber a resposta. Sabem muitas vezes de prontidão aquilo que não desejam em termos de comportamento: "Quero que meu filho pare de fazer birra no restaurante", "quero que meu filho pare de bater no irmão", "quero que meu filho me obedeça de primeira", mas demoram para conseguir definir quais são os valores que querem que seus filhos cresçam apreciando e desenvolvendo. Por exemplo, para algumas famílias, o valor mais apreciado é a honestidade.

Atendi uma família com dois filhos que valoriza falar a verdade acima de todas as coisas: o pai é muito transparente em seus negócios, a mãe preza pela sinceridade em seus relacionamentos, e eles valorizam e recompensam os filhos quando falam a verdade, são sinceros e honestos. Isso acaba deixando muito claro para os filhos que a honestidade é uma coisa boa e correta, e ao recompensarem os comportamentos envolvendo esse traço, reforçam para os filhos que isso é bom e que os agrada, aumentando a probabilidade desses comportamentos acontecerem mais vezes. Por exemplo, quando um dos meninos do casal quebrou sem querer um enfeite muito apreciado pela mãe e foi sincero em assumir a culpa pelo ocorrido, foi recompensado pelos pais, deixando claro para ele que falar a verdade é um comportamento admirado.

Os valores mudam de família para família. O que é valor em uma casa, pode não ser em outra. Por isso é importante que você faça esse levantamento individualmente ou com seu cônjuge, pautado em sua visão de mundo e conjunto de crenças e valores. Lembrando que os valores são expressos através de comportamentos: a criança vai expressar aquilo que está dentro dela através daquilo que faz e fala. Vou propor mais algumas perguntas que irão auxiliá-lo nesse importante processo de descoberta.

Que tipo de valor mais aprecia nas pessoas?

Que tipo de valor mais o desagrada nas pessoas?

Com qual(is) valor(es) você não se imagina vivendo sem?

Se sua vida tivesse um lema, qual seria?

Se no seu testamento houvesse uma cláusula que lhe permitisse transmitir dois valores para seu filho, quais seriam eles?

Quando olhar para o seu filho daqui a dez anos, que tipos de comportamento em relação a si mesmo e aos outros gostaria de ver que o deixarão com um senso de dever cumprido?

Use este espaço para registrar suas respostas:

_____
_____
_____
_____
_____
_____
_____

Agora que você refletiu sobre essas perguntas e fez uma análise sobre o que gostaria de transmitir aos seus filhos, registre no espaço abaixo quais valores você quer imprimir na educação deles. Lembre-se de usá-los como diretriz em sua prática educativa.

Uma coisa muito importante a ser lembrada é que, além dos valores que você quer passar, existem aquelas características especiais que o tornam único e que talvez passem despercebidas em sua lista. Elas são muito especiais, pois conferem singularidade a ele. Talvez seja um talento especial, talvez seja uma característica física ou quem sabe uma característica marcante. Registre-as também, pois merecem elogio e reforço.

Os principais valores que quero passar para meu filho são:
_____
_____
_____
_____
_____
_____

Como faço para reforçar isso?

Agora que você descobriu quais valores são essenciais na criação do seu filho, você precisa ensiná-los a ele. A criança precisa saber que são importantes e que colocá-los em ação será bom para ela.

Uma das maneiras disso acontecer é reforçar positivamente o bom comportamento. O reforço positivo nada mais é do que uma recompensa a uma boa ação, bom comportamento ou bom resultado que a criança apresenta. Por consequência, isso a leva a aprender aquilo que é esperado dela e também a aumentar a frequência desse comportamento.

Existem alguns tipos de recompensa que podem ser utilizadas para atingir esse objetivo. Você pode reconhecer ou incentivar verbalmente seu filho utilizando expressões como: "muito bem!", "você fez um excelente trabalho", "estou orgulhosa" ou até mesmo dar um beijo, abraço, fazer um carinho, promover um passeio ou atividade especial, dar um presente. Elas sempre devem ser sinceras e estar de acordo com o comportamento a ser reforçado.

Se, por exemplo, o valor que você quer ensinar é

responsabilidade e seu filho resolve arrumar a cama sozinho, você pode dizer: "Que menino responsável que você é, bom trabalho! Hoje vamos tomar um sorvete juntos!".

O importante é você estar atento ao comportamento dele e não perder a oportunidade de reforçar positivamente, sempre que apresentar em alguma atitude aquele valor que você quer que seja aprendido. Lembre-se de que você é o maior incentivador do seu filho e sua maior fonte de inspiração.

Atividades especiais para ensinar e reforçar valores
1. Utilizar filmes, séries e histórias infantis
Um recurso poderoso que explora o universo lúdico da criança são os filmes e histórias. Com crianças em idade pré-escolar, aproveite o exemplo positivo de um personagem que explorou um valor que você acredita que seja bom para o seu filho e reforce isso com ele. Exemplo: "Puxa, a princesa ouviu a mamãe dela e obedeceu ao que ela falou. Que lindo ser obediente!" É sempre importante frisar especificamente o que agradou no comportamento, principalmente nessa fase, para que a criança compreenda o que está sendo reforçado, com frases simples e curtas.

Para crianças a partir dos oito anos, uma boa ideia é realizar uma troca de ideias após um filme ou história, para ver qual o julgamento de valor que fez do que leu ou assistiu. Você pode usar perguntas como: qual personagem você mais gostou? Qual foi a coisa que ele fez que você achou mais legal? Qual o que menos gostou? Teve alguma coisa que você aprendeu nessa história? Essas são perguntas que ensinam os pequenos a refletir e a chegar a suas próprias conclusões.

Dois cuidados importantes: não transforme a conversa em um interrogatório: pergunte, escute a resposta e não condene a opinião do seu filho. Se discordar dela, ouça, acolha e fale sobre o seu ponto de vista, expondo a consequência. Exemplo: "Que bom saber o que você pensa sobre isso, filho. Eu achei a atitude dela de mentir para os amigos estranha, percebi que ela perdeu os amigos que tinha por causa disso".

2. Baú de tesouros
Agora que você já sabe que valores são importantes e quais quer reforçar, vai ficar mais fácil do que nunca fazer essa brincadeira. Compre um baú de madeira e algumas pedras que imitem pedras preciosas – use sua criatividade. O objetivo aqui é observar durante

a semana comportamentos que expressem valores que você quer que seu filho aprenda e, uma vez por semana, junto com ele, encher o baú com pedras preciosas, de acordo com o número de comportamentos positivos que apresentou.

Exemplo: digamos que o valor a ser trabalhado é cordialidade e, durante a semana, você viu seu filho ajudando o irmão a arrumar a bagunça que fizeram na sala e em outro momento dividindo um brinquedo que ama com um amigo.

No dia escolhido, você deve chamar seu filho para esse momento especial em família e afirmar que valores são como pedras preciosas porque são muito especiais e que você viu comportamentos dele durante a semana que foram muito preciosos e o deixaram muito feliz (diga isso com suas palavras, o importante é passar essa mensagem). Cite exatamente os comportamentos dele que te agradaram e deixe-o escolher o número de pedras de acordo com o número de comportamentos apresentados. Utilizando nosso exemplo, a criança escolheria duas pedras.

Transforme esse momento juntos em algo único: use essa atividade para que ele saiba o quanto é especial e amado por você. Com o passar do tempo, seu filho terá um baú repleto de tesouros, que não são materiais, mas sim reflexo dos valores lindos que estão crescendo dentro dele. Ele se sentirá valorizado e também aprenderá o valor inestimável que possui.

3. Converse com seu filho

Sei que essa dica parece óbvia, mas muitas vezes perdemos nossos filhos dentro de nossas próprias casas por não escutarmos o que estão nos dizendo. Como você já deve ter aprendido, escutar é completamente diferente de ouvir. Crie momentos durante o dia para conversar e ativamente escutar o que ele está lhe dizendo. Você já parou para pensar se sabe realmente quem são os amigos dele, quais são os seus interesses, aonde gosta de ir, o que não gosta de fazer, o que pensa sobre si mesmo, sobre os outros, sobre o mundo, o que o deixa feliz, o que o deixa triste? São nas trocas, estabelecidas em uma boa conversa, que você aprende as respostas para todas essas perguntas.

Mostre-se disponível para conversar com ele e esteja presente. É provável que em algumas fases do desenvolvimento, seu filho não se mostre tão aberto a conversar quanto em outras. Mas é importante ele saber que você está disponível quando ele quiser se abrir: os pais devem ser o porto seguro para o qual os filhos podem sempre voltar.

Tome o cuidado para não transformar esses momentos tão preciosos em críticas ou repressão excessivas. Muitas vezes, ele precisa apenas que você o escute, sem julgamento, pois isso pode fazê-lo se fechar ao diálogo.

As trocas são também momentos de aprendizagem: aproveite esses momentos de intimidade para compartilhar suas experiências e seus sentimentos. Faça bom uso desse recurso durante todo o desenvolvimento do seu filho.

4. Seja exemplo

Seu filho sempre vai aprender muito mais através daquilo que você faz do que daquilo que você fala. Por isso, examine se você é coerente com o que está querendo ensinar ao seu filho. Eles são muito observadores e estão atentos a tudo o que você faz para poder reproduzir. Portanto é importante que também pratique aquilo que quer que ele aprenda.

Não desista!

A família continua sendo o alicerce mais importante para a formação de uma pessoa, e você tem o privilégio de fazer parte desse projeto. Nada é mais gratificante e recompensador do que contribuir para a formação de alguém que vai levar seu legado adiante e imprimir sua marca no mundo. Acredite, você possui todos os recursos para que realize essa tarefa da melhor forma possível. Coloque os exercícios propostos aqui em prática e veja os resultados florescerem diante dos seus olhos! Apesar dos desafios, siga em frente, pois tem alguém que conta com você. Ensine os valores que vão ter o poder de transformar o mundo.

Referências
BRIGGS,D. *A autoestima do seu filho*. São Paulo: Martins Fontes, 2000.
CAMINHA, R. M., & CAMINHA, M. G. *A prática cognitiva na infância*. São Paulo: Roca, 2008.
PETERSEN,C. et al. *Terapias cognitivo-comportamentais para crianças e adolescentes*. Porto Alegre: Artmed, 2004.

7

Casamento e divórcio: estratégias para administrar o conflito conjugal

Ao longo da minha atuação como advogada na área de família, percebi que qualquer alteração na estrutura familiar, principalmente o divórcio, mexe diretamente com o emocional dos filhos. Neste capítulo, forneço estratégias para os pais que se interessam pela saúde emocional de seus filhos, a ponto de fortalecê-la e ajudá-los a lidar com os sentimentos negativos dos efeitos nocivos do divórcio

Carina Stefani

Carina Stefani

Carina Stefani, advogada formada pela Universidade de São Caetano do Sul (IMES/USCS), atuante desde 2003; inscrita na Ordem dos Advogados do Brasil, subseção de São Caetano do Sul, sob o n° 217.470. Sócia do escritório Sena & Stefani Advogados Associados; coordenadora na Assistência judiciária gratuita de São Caetano do Sul desde 2005; inscrita no convênio firmado entre a Defensoria Pública do Estado de São Paulo e a OAB/SP desde 2005.

Contatos
www.senaestefaniadvogados.com.br
carinastefani92@gmail.com
senaestefaniadvogados@gmail.com

Facebook: /senaestefaniadvogados
(11) 98377-5358
(11) 3422-6128

Há pessoas que não deveriam se conhecer e encontros que não deveriam existir, porém eles acontecem. Veem-se inúmeros exemplos disso quando relacionamentos são desfeitos depois de anos de convivência (ou não), piorando a situação quando os filhos são envolvidos nessa particularidade do casal.

Depois de anos trabalhando na área de família, percebi que os sinais de que o relacionamento não vai bem aparecem bem antes do casamento se romper.

Esses sinais são evidenciados inicialmente pelo afastamento físico, pela diminuição do diálogo, pela falta de interesse um pelo outro. Posteriormente, a tolerância se perde e as acusações mútuas passam a fazer parte do cotidiano. Os filhos, que percebem tudo, muito embora os pais acreditem que não, já se questionam: para que viver juntos se brigam a toda hora? Até mesmo as crianças pequenas reagem à discussão dos adultos com alterações fisiológicas.

As outras pessoas são bem mais interessantes do que o cônjuge, e a ausência deste gera uma sensação de alívio. Nessa fase, já não há mais motivos para continuarem juntos, e os filhos já pedem que os pais se separem de verdade.

Por fim, um já não suporta conviver com o outro, despertando o desejo de eliminá-lo de sua vida. E isso é tão sério que continua mesmo após a separação, chegando ao ponto de usar os filhos para seu próprio interesse em vez de atender às necessidades deles.

Não é errado se separar quando não há mais entendimento. Entretanto, é preciso fazê-lo de forma que não se desgaste o relacionamento a ponto de os filhos não conseguirem escapar de problemas que não são deles. Afinal, se o divórcio de fato acontecer, haverá ex-cônjuge, mas ele continuará sendo pai, e ela, mãe, pois nunca haverá ex-pais.

Carina Stefani

Como anda a saúde emocional do seu filho?
O relacionamento conjugal dos pais influencia a vida emocional dos filhos.

Dentro do conflito do divórcio, se os pais se interessam pela saúde emocional das crianças, demonstrando respeito nas tratativas legais, serenidade e transparência nas decisões conjugais, transmitindo isso de forma clara e objetiva aos filhos, a inteligência emocional se desenvolve, pois os ajudam a lidar com os sentimentos negativos e os protegem de muitos dos efeitos nocivos do divórcio.

Crianças expostas a conflitos de adultos tendem a ficar confusas, o que aumenta o risco de praticar a autoagressão e adotar todo o tipo de comportamento antissocial. Apresentam dificuldade de regular as emoções, de concentrar-se e de acalmar-se quando aflitas.

Mesmo assim, há pais que fazem da vida dos filhos um verdadeiro inferno porque os utilizam para resolver conflitos não resolvidos entre si.

A Síndrome da Alienação Parental
Surge aí a Síndrome da Alienação Parental (SAP), assim definida pelo psiquiatra norte-americano Richard Alan Gardner (2002):

[...] É um distúrbio da infância que aparece quase exclusivamente no contexto de disputas de custódia de crianças. Sua manifestação preliminar é a campanha feita pela própria criança e que não tenha nenhuma justificação. Resulta da combinação das instruções de um genitor (o que faz a "lavagem cerebral, programação, doutrinação") e contribuições da própria criança para caluniar o genitor-alvo. Quando o abuso e/ou a negligência parentais verdadeiras estão presentes, a animosidade da criança pode ser justificada, e assim a explicação de Síndrome de Alienação Parental para a hostilidade da criança não é aplicável [...]

Geralmente, a prática da alienação parental se inicia com a separação de fato do casal, em que a ruptura da vida conjugal gera, em um dos genitores, uma tendência vingativa muito grande. Quando este não consegue elaborar adequadamente o luto da separação, desencadeia um processo de destruição, vingança, desmoralização e descrédito do ex-cônjuge. Neste processo vingativo, o filho é utilizado como um fantoche, implantando aos poucos na mente da criança acusações maliciosas, com o objetivo de impedir ou destruir seus vínculos com o outro genitor. O filho se torna um instrumento da agressividade direcionada ao parceiro.

Para alcançar seu objetivo, que nada mais é do que ferir o ex-companheiro/a, o genitor alienante usa de artifícios como:

– Excluir o outro da vida dos filhos. E o problema aumenta quando o genitor que não tem a guarda deixa de honrar com a obrigação alimentar, pois leva o guardião, normalmente a mãe, a sentir-se ainda mais no direito de impedir que o outro veja os filhos.

– Interferir nas visitas, dificultando que estas aconteçam, criando compromissos para aquele dia, afazeres para a criança de modo a desestimular o encontro;

– Atacar a relação entre os filhos e o outro genitor, colocando uns contra os outros;

– Denegrir a imagem do outro, imputando ao genitor alienado atos e ações que destruam sua imagem perante os filhos;

– Dificultar o exercício da autoridade parental, de modo que as crianças percam a referência da hierarquia;

– Omitir informações pessoais relevantes sobre as crianças, inclusive escolares, médicas e alterações de endereços;

– Mudar o domicílio para local distante, sem justificativa, visando dificultar a convivência da criança com o outro genitor, familiares deste ou avós.

Por outro lado, a criança alienada pode apresentar um sentimento constante de raiva e ódio contra o genitor alienado e sua família; se recusa a dar atenção, visitar, ou se comunicar com o outro genitor; guarda sentimentos e crenças negativas sobre o outro, que são inconsequentes, exageradas ou inverossímeis com a realidade.

Uma das coisas mais prejudiciais que o casal em conflito pode fazer com os filhos é tentar afastá-los de seu pai ou de sua mãe. Esse tipo de atitude pode gerar uma fonte de conflito crônica para a criança que ama o pai e a mãe e sente-se na obrigação de proteger um dos ataques do outro.

Sem falar que as crianças vítimas de SAP são mais propensas a:

– Apresentar distúrbios psicológicos como depressão, ansiedade e pânico.

– Utilizar drogas e álcool como forma de aliviar a dor e a culpa da alienação.

– Cometer suicídio.
– Apresentar baixa autoestima.
– Não conseguir uma relação estável, quando adultas.
– Possuir problemas de gênero, em função da desqualificação do genitor atacado.

Para proteger os direitos fundamentais de crianças e adolescentes, foi criada a Lei da Alienação Parental, no 12.318, sancionada em 26 de agosto de 2010, como importante instrumento com vistas à manutenção da saúde psíquica no bojo familiar.

De acordo com a lei, a alienação fere direito fundamental da criança de convivência familiar saudável, prejudica a realização de afeto nas relações com o genitor e com o grupo familiar, constitui abuso moral contra a criança e descumprimento dos deveres inerentes à autoridade parental ou decorrentes de tutela ou guarda.

Pelo texto da norma, caso restem caracterizados atos típicos de alienação parental, o juiz pode, entre outros:
– Advertir o alienador;
– Estipular multa;
– Determinar a alteração da guarda para guarda compartilhada ou sua inversão;
– Declarar a suspensão da autoridade parental.

Ainda que seja possível se socorrer do Judiciário para garantir os direitos das crianças, visando inclusive à indenização material pelo abuso afetivo, melhor mesmo é garantir a elas um ambiente tranquilo e saudável no momento da ruptura conjugal.

Não é o divórcio que fere a criança, mas sim a intensa hostilidade e a falta de comunicação que pode se desenvolver entre o casal.

É possível manter a saúde emocional do seu filho no momento mais delicado da sua vida – o divórcio

É fato que as crianças são prejudicadas pelas desavenças dos pais, mas nem por isso devem ficar alheias a toda forma de conflito conjugal. Isso, além de ser uma péssima ideia, seria impossível.

O conflito faz parte da relação entre o casal e é enriquecedor para a criança, sob o ponto de vista psicológico, como presenciar certos tipos de conflitos familiares, especialmente quando os pais discutem respeitosamente e fica claro que estão trabalhando de forma construtiva para chegar a um entendimento. Se a criança é poupada de ver um adulto com quem ela convive se irritar, discutir e resolver suas diferenças com outro adulto, está perdendo lições que podem desenvolver a inteligência emocional.

Isso não significa que ela precisa viver em um ambiente conflituoso para se fortalecer emocionalmente. Não. Significa que as discussões devem ser esporádicas, e caso a criança presencie uma é importante explicar a ela o motivo, a razão pela qual aconteceu e deixar claro que tudo está sendo resolvido da melhor forma possível para se alcançar o consenso entre os pais.

A grande questão é os pais trabalharem seu conflito conjugal para torná-lo um exemplo mais positivo do que prejudicial para os filhos.

E qual é o melhor momento para falar do divórcio com os filhos? Quando já estiver seriamente assumida pelo casal.

Há casais que já estão separados de fato, mas não assumem essa condição para si. Ficam se enganando mutuamente, fingindo para si e para os filhos que tudo vai bem. Quando ambos tiverem a certeza de que o divórcio é o melhor caminho a ser seguido, esse será o melhor momento de comunicar os filhos.

E qual é o melhor lugar para que isso aconteça? Em casa, uma conversa sem interrupções. Com tempo para que todos os filhos sejam ouvidos. As emoções precisam fluir. Sentimentos como raiva, culpa, agressividade e lágrimas tem de ser expressados. A criança precisa saber que seus sentimentos são entendidos. Os pais, por sua vez, devem responder de forma clara e objetiva as perguntas.

O mais interessante é o casal conseguir reunir todos os filhos para dar a notícia de uma só vez, evitando que cada um receba de forma diferente. Quando os pais conseguem criar esse ambiente e um deles se sente atingido de forma indevida na conversa, ele tem o espaço para se manifestar.

Quando a conversa é feita de forma separada, seja dos filhos e ou dos pais, é necessário tomar o cuidado de a notícia não ser passada de forma diferente aos filhos, seja pela diferença de conteúdo e forma distinta, mas também pela diferença de idade entre eles, o que leva a diferentes interpretações. Da mesma forma, quando um dos pais não está presente, é importante evitar acusá-lo de qualquer coisa que seja, pois não estará presente para se defender, evitando assim os efeitos da Síndrome da Alienação Parental.

Carina Stefani

A conversa com os filhos sobre a separação deve explicar o motivo do rompimento sem entrar em detalhes, delimitando o que é problema conjugal e o que diz respeito ao relacionamento entre pais e filhos.

Além disso, deve informar quando e como será, quem deixará o lar, quando deixará, onde as crianças vão morar e com quem. Explicar o que acontecerá com eles, quem ficará com a guarda, estando abertos a ouvir seus desejos. A transparência é fundamental.

Estimule seu filho a falar sobre a tristeza, o medo ou a raiva que esteja sentindo. Ouça-o com empatia e ajude-o a rotular as emoções.

Ainda durante a conversa, os pais precisam deixar claro que os filhos não têm culpa pelo divórcio nem o poder de separar ou unir o casal. Crianças pequenas tendem a pensar que os pais se separaram por alguma coisa de errado que elas fizeram.

Num primeiro momento, os pais precisam esclarecer que o processo de divórcio é permanente, de forma a não alimentarem a fantasia de uma reconciliação. Os pais devem ainda reforçar que o fato de serem filhos de pais separados não é motivo de vergonha ou embaraços e que estão sempre disponíveis a apoiar os filhos a superarem as dificuldades inerentes à adaptação a uma nova situação familiar.

Por fim, é importante responder a todas as perguntas pertinentes, reforçando o fato de que eles continuarão sendo amados independentemente do divórcio. E mais! Que continuarão a ter um pai e uma mãe, mesmo que já não sejam mais um casal. A responsabilidade e a relação afetiva de pai e mãe com os filhos não se desfaz jamais.

Com o passar do tempo, sempre haverá um fato ou uma situação em que ambos deverão ter a mesma conduta, do contrário, um será "melhor" que o outro, fazendo com que a criança passe a responsabilizar o pior. É necessário ser forte e agir com firmeza e não dispensar a ajuda de um profissional especializado, caso necessário, para uma orientação emocional.

A chave para passar pelo divórcio e proteger os filhos dos seus efeitos negativos é estar sempre disponível para eles. Pais que aceitam as emoções negativas, respeitando um ao outro, estão mais aptos a ajudar os filhos a lidar com os sentimos de raiva, tristeza e medo, e consequentemente mais preparados a ajudar os filhos a entenderem essa nova fase familiar.

A vida da criança continua mesmo quando o mundo dos adultos está desabando. Os filhos precisam que os pais estejam emocionalmente presentes, e precisam que eles estejam mais presentes em épocas de tumulto familiar. Portanto, seja forte, esteja presente e, em especial, emocionalmente presente. Lembre-se de que só poderemos passar segurança se estivermos seguros também.

Referências
BRASIL. Lei 12.318, de 26 de agosto de 2010.
GARDNER, Richard A. *O DSM-IV tem equivalente para diagnóstico de síndrome de alienação parental (SAP)?*, 2002. P.2. Tradução para o português por Rita Fadali. Disponível em: <http://www.alienacaoparental.com.br/textos-sobre-sap-1/o-dsm-iv-tem-equivalente>. Acesso em 15 jan. 2017.
GOTTMAN, John, PH.D., *Inteligência emocional e a arte de educar nossos filhos: como aplicar os conceitos revolucionários da inteligência emocional para uma compreensão da relação entre pais e filhos* / John Gottman e Joan DeClaire. – 1ª ed. – Rio de Janeiro: Objetiva, 2001.
LATTA, Nigel. *Pais inteligentes criam filhos felizes [versão brasileira da editora]*. 1. ed. São Paulo: Editora Fundamento Educacional Ltda., 2015.
TIBA, Içami. *Quem ama, educa!: formando cidadãos éticos*. Ed. atual. São Paulo: Integrare Editora, 2007.

8

Sou mãe e estou solteira: lidando comigo e com minha criança

Viver a maternidade em sua plenitude torna a vida leve e filhos livres para serem eles mesmos. A adversidade da maternidade solo não será um tormento se lidarmos com sentimentos e necessidades. Saber incluir o pai para os filhos em um contexto possível é um presente para a conexão da mãe com sua criança. O que mais é possível que ainda não consideramos?

Carmem Dutra

Carmem Dutra

Mãe da Olivia. Criadora do programa Mães que transformam e do método *Mind coaching* para mães em crise. Pedagoga em formação e terapeuta energético-comportamental. Facilitadora de Access Consciousness®, PSYCH-K® e Instrutora Livre do Método MP. Formação em programação neurolinguística e *coaching*, pela International Association of Coaching Institutes. Formação internacional em *Coaching* para pais, pela The Parent Coaching Academy of London, e no método Kid coaching pela Rio Coaching. Certificada nas ferramentas DISC e Eneagrama 360°. Mestre em Epidemiologia pela UFPel. Foi docente na UFPel e pesquisadora na UFRGS. Instrutora de treinamentos, *workshops* e palestrante na área de desenvolvimento humano com experiência em grandes empresas. Especialista em treinamentos comportamentais para famílias e escolas com foco na educação da nova era. Sócia-fundadora da Mães conscientes, escola que presta serviços e apoio para famílias e educadores com foco em inteligência emocional e expansão de consciência.

Contatos
www.carmemdutra.com.br
www.kidcoaches.com.br
carmem@carmemdutra.com.br
facebook.com/maesquetransformam
Instagram: @carmem_kidscoach
(51) 99133-2240

Era uma vez a moça que queria ser mãe. Ela sonhava com o dia que por mágica engravidaria e teria seu filho sozinha para viver feliz para sempre. Ter filhos de forma independente pode até ser sonho de alguém, mas o conto de fadas preferido envolve mais que isso. Ser mãe é o sonho da maioria das mulheres, e vem acompanhado do desejo de encontrar um parceiro para compartilhar a vida, formar família e ter uma vida de casal como vimos nos contos de fadas. Porém, nem sempre sonhos acontecem como idealizamos.

Ser mãe é uma dádiva e uma escolha. Quando escolhemos a maternidade uma vida nova se inicia, e não é só a vida que acabou de chegar ao mundo, mas nossa vida também renasce. Nossos valores mudam, planos mudam, nossa identidade muda, também muda a casa, rotina de horários e, não raro, até nossa vida profissional muda totalmente. Muda tanta coisa que uma estrutura é necessária para atender nossas necessidades neste momento em que estamos sensíveis devido aos hormônios, parto, amamentação e um serzinho nos braços que necessita de atenção plena. Há um provérbio africano que diz: "É preciso uma aldeia inteira para educar uma criança". Descobrimos isso após sermos mães.

Tudo é fácil na nossa cabeça antes do parto. Temos solução pra tudo e por mais que escutemos coisas como "aproveita pra dormir enquanto pode, depois teu sono não será o mesmo", a realidade irá sempre nos surpreender, pois tudo é novo. Há surpresas que não conseguimos prever. Estamos vivendo algo diferente e nossa mente é limitada para prever um universo de possibilidades que podem surgir com nossas emoções, com o bebê e com novas possibilidades que começamos a pensar depois de ter nos braços o sonho tão esperado. Somos uma antes do parto, e nos tornamos outra após atravessarmos este portal chamado maternidade. E estamos neste novo caminho, como uma nova pessoa e sozinhas. E agora? O que eu faço?

Carmem Dutra

Existem vários cenários da maternidade solo. Há a casada, mas com o marido sempre ausente; existe a que tem um pai relativamente presente, porém ele é somente pai e não existe relacionamento algum de homem e mulher e de ajuda mútua (me incluo aqui); e há a maternidade em que o pai simplesmente sumiu do mapa. E existe também a que escolheu a maternidade independente, assim como outras particularidades. O que pretendo focar aqui neste capítulo é aquela maternidade onde o pai existe e há atrito entre as partes. Onde o pai não é seu parceiro, mas está ali pra contribuir e atrapalhar também. Onde há mais espaço para discordâncias do que afetuosidade.

Quando me vi neste cenário, um turbilhão de emoções estavam presentes. Uma gravidez planejada sem um relacionamento planejado em conjunto foi a receita para mágoas e frustração do desejo de ter mais apoio e menos solidão.

A família sonhada que não aconteceu não matou a mãe dos sonhos que eu queria ser. Como *coach* e terapeuta comportamental, sempre me interessei em buscar saber como os desafios que os clientes procuravam resolver surgiam, para ir direto à origem das coisas. Em 99 por cento das vezes, as perguntas eram respondidas com "isso se origina na infância", "isso se origina nas interpretações que damos aos fatos que vivemos em nossa infância" ou "isso é aprendido através da educação e cultura recebidas pelos nossos pais e do ambiente em que vivemos na..." infância também! E minhas fichas foram caindo. Pude perceber que todas as minhas limitações, crenças e desafios como um ser em evolução foram criados na infância e fatos, frases e cenas iam surgindo na mente. A cada vivência ou curso, tudo ia ficando cada vez mais claro e melhor à medida que eu me libertava daqueles condicionamentos aprendidos quando criança e à medida que eu ia aprofundando meu autoconhecimento. Ao me tornar mãe (eu já era *coach* há mais de cinco anos), vi-me responsável por todas as crenças limitantes que minha filha poderia ter e passei a estudar mais ainda, tornando-me *kids coach* e *coach* para famílias, e mudei o direcionamento da minha carreira.

Com esta preocupação e o cenário que estava vivendo, um novo desafio estava à minha frente para eu superar. Uma frustração por um sonho não realizado, a família que não se formou do jeito que eu queria, uma filha para criar e muitos sentimentos que não desejava em mim especialmente no momento que eu me tornei mãe estavam ali. Como lidar com a raiva de palavras que ferem a alma? Como criar uma criança emocionalmente saudável apesar da ausência do pai no dia a dia? Como incluir o pai neste sistema apesar da raiva? O real perdão existe? Como lidar com raiva, medo, tristeza e alegria ao mesmo tempo e ainda querer ser a melhor mãe do mundo? Vamos conversar aqui sobre estas e outras questões!

Sinto-me só e não sei o que fazer
Lidar com sentimentos é necessário quando queremos mudar algo para melhor. Buscar saber o que estamos sentindo e o que queremos sentir.

Fugir dos sentimentos não nos ajuda a superá-los. As máscaras de supermãe só nos machucam mais. Tapar sol com a peneira e ir levando pode ser um artifício necessário no início até sentirmos alívio para lidar melhor com fatos, mas isso não se sustenta por muito tempo.

Sentir-se sozinha quando nos tornamos mãe nesta situação é legítimo e pode ser que nada substitua aquilo que realmente queríamos nesta hora. E não podemos menosprezar aqueles com os quais podemos contar. Buscar apoio da família e amigos mais próximos pode nos trazer muito conforto.

Vamos começar nosso desenvolvimento através do levantamento do que nos incomoda ou incomodou. Mario Sérgio Cortella diz: "Nós não nascemos prontos, nós temos oportunidades de crescer". Qualquer adversidade na nossa vida é oportunidade de crescer. Se não aprendemos algo com aquela situação e evoluímos, inevitavelmente o que deveríamos ter aprendido ali e não aprendemos se repetirá em outra situação. Isso é Lei Universal da qual não podemos fugir, tudo se repete em ciclos. É inteligente da nossa parte pensar que é melhor tirar aprendizado agora do que viver algo parecido logo adiante. Sei, por experiência, que isso pode não ser tarefa fácil, mas que podemos tornar mais leve se pensarmos no alívio que iremos sentir, na liberdade de seguir em frente sem pendências com o passado e na aventura de fazer algo novo do que estamos acostumadas a ter no automático do nosso condicionamento inconsciente. Não temos nada a perder! Diga a você mesma que está segura e que irá sobreviver após isso. Os maiores boicotes que fazemos a nós é porque nosso cérebro condicionado quer nos manter protegidos e sobrevivendo. Então, ao se dizer isso, é como conversar com sua parte que tem medo do que virá, que tem medo de que você se magoe de novo. Seguir em frente é uma escolha e devemos estar certas de que nossos "amigos" sabotadores e nossas "bem-intencionadas" crenças não nos limitem à mesmice de sempre. Não é o propósito deste capítulo ir a fundo nas crenças limitantes e sabotadores, mas se você quiser saber mais sobre isso pode enviar um e-mail para carmem@carmemdutra.com.br que lhe enviarei ferramentas a respeito.

Então o primeiro passo dessa jornada é observar. Observar aqui significa apenas listar os fatos. O fato em si é isento de análise, comparações, julgamentos ou críticas. Vamos revisar o que aconteceu de fato. Exemplos: o pai da minha filha não veio como combinado. Ele não depositou no dia que acertamos. Ele trabalha doze horas por dia. Estou agora fazendo tudo sem ajuda. Note que aqui são somente fatos isentos de julgamento. Vamos ver estes mesmos fatos da maneira como costumamos nos referir a eles: o pai da minha filha nunca faz o que diz. O pai da minha filha não tem consideração nenhuma. Ele trabalha demais. Eu estou muito sozinha e ninguém se importa comigo. Faça uma lista dos fatos que te incomodaram, conforme os exemplos citados primeiro (sem julgamentos).

Após sua lista feita, pergunte-se: como me sinto em relação ao que acabei de observar? E ao lado escreva seus sentimentos em relação aos fatos. Esses sentimentos são nossos, e não foram provocados pelo outro. Sim, nós somos responsáveis pelo que sentimos... Vou explicar! Segundo Marshall Rosenberg, nós não nos aborrecemos com o que fazem conosco, nós nos aborrecemos por alguma necessidade nossa que não foi atendida. O outro não faz algo sabendo que está a nos ferir, ninguém sabe das nossas necessidades além de nós mesmas, e conversar sobre elas faz com que relacionamentos sejam mais gratificantes. O que outros dizem ou fazem pode ser gatilho, mas não a causa do que sentimos.

E este é o terceiro passo. Assumir responsabilidade pelos nossos sentimentos e descobrir a necessidade que não foi atendida. Qual necessidade dentro de mim não está sendo atendida para estar gerando este sentimento? Quando tomamos consciência das nossas necessidades, a raiva cede lugar a sentimentos que são mais úteis. Exercitar essa capacidade de conexão com nossos próprios sentimentos e necessidades pode nos libertar da raiva, da tristeza, da depressão, da solidão e nos proporcionar uma forma mais leve de lidar com os fatos que nos aborrecem.

Enquanto não temos consciência das nossas necessidades seremos sempre vítima. Buscar nossas necessidades não atendidas é ir ao encontro e acolher nossa criança interior, pois a necessidade é da criança ferida. Podemos estabelecer uma relação de confiança com nossa criança interior, deixá-la saber que tem um adulto que a acolhe e aceita. Aceitar e olhar nossa própria vulnerabilidade, não precisamos ter medo da nossa vulnerabilidade. As pessoas nos aceitam, consequentemente, pela força da nossa própria aceitação.

Quando expressamos nossas necessidades, nossas chances de satisfazê-las aumentam. Basta agora expressar um pedido claro daquilo que desejamos, dizendo claramente o fato, sentimento, a necessidade não atendida e o que queremos em vez daquilo que estamos obtendo. Por exemplo: você falou que eu me vire sozinha várias vezes; cada vez que ouço isso me sinto abandonada na missão de criar uma criança, e eu preciso de apoio e mais contribuição (olha aí as necessidades), você pode evitar dizer isso e me ajudar em outras tarefas? Outro exemplo: você não veio ontem como combinamos, fiquei com raiva, pois havia planejado fazer algumas coisas, eu preciso de comprometimento e de confiar no que você diz que vai fazer; você pode da próxima vez cumprir com o combinado?

Os passos são simples como andar de bicicleta. Mas da mesma forma que andar de bicicleta ou aprender algo novo nos exigiu treino e persistência, assim também é com nosso cérebro e condicionamentos. Para ter novos resultados precisamos experimentar algo diferente do que estamos fazendo.

O pai que não existe

Este pai não existe como imaginamos, segundo nossas necessidades e desejos, segundo nosso ponto de vista do que é ser bom ou mal, certo ou errado. Mas ele existe, quer a gente queira ou não. Nossas expectativas frustradas, as feridas causadas e sentimentos de raiva e tristeza não devem interferir no relacionamento entre pai e filhos. Superadas as dificuldades de diálogo, de falar dos sentimentos e necessidades, compreendendo que aceitar os fatos como são torna o percurso leve e livre para que outra realidade seja construída. Devemos então cuidar de incluir o pai neste contexto.

As pessoas são o que são, e não o que nós queremos que sejam. Devemos ter cuidado para não rejeitar o pai que não a correspondeu, nutrindo sentimentos que só adoecem a nós mesmas, como a raiva, por exemplo. Temos um motivo para honrar este homem, motivo que tem peso para superar todo e qualquer fato ou fala doloridos, e esse motivo são nossos filhos, pois eles são metade desse homem também. Nossos filhos se percebem inteiros e válidos quando validamos a sua existência honrando quem os gerou. Seu pai é bom o suficiente para ter gerado você! Dizer isso partindo do nosso interior é essencial para que nossos filhos não sejam afetados por nossos sentimentos em relação ao pai.

Incluir o pai primeiro no seu interior para, de forma autêntica, poder externar isso para os filhos. Incluindo no dia a dia o pai que só vem de vez em quando em gestos como: "Deixa a mamãe filmar isso pra mostrar pro papai o que você aprendeu", "vamos falar pro papai onde você foi hoje". Frases desse tipo fortalecem o vínculo entre mãe e filho, pois as crianças se percebem inteiras ao lado de quem incluiu a outra metade em si. Fotos do papai com o filho na casa da mamãe também podem fazer este papel de inclusão da outra metade onde a criança mora.

E aproveite o que isso te traz de bom. O fato é que nosso conto de fadas não aconteceu ainda (pelo menos não com esta pessoa). E tem algo de bom nisso pra você? Esta é uma característica minha de ver algo bom em tudo e pra mim é bom poder escolher a educação da minha filha sozinha, poder educá-la e tratá-la da forma como percebo ser o melhor sem ter ninguém dando pitacos, tomar decisões de forma independente. Ter momentos que são só meus com ela diariamente, seguir minha carreira sem ter alguém criticando. Claro que ainda assim preferiria ter encontrado o parceiro ideal, mas já que o pai não é, que bom então que estou livre para construir o meu conto de fadas diferente. Transforme sua frustração numa dádiva, num presente.

Curando feridas

Perpetuar feridas do passado em relação ao pai faz mal a nós mesmas e aos nossos filhos. Ter consciência de que foram geradas por aspectos nossos, das nossas necessidades frustradas dá maior liberdade para dar o próximo passo.

Estabelecidas as primeiras conversas civilizadas, desvinculadas de culpar o outro e sim de expor sentimentos e necessidades, é chegada a hora de virar a página e ficar só com o que é bom.

O perdão se torna fácil quando tomamos consciência que o outro é incapaz de saber do que necessitamos. À medida que tomamos consciência de que é melhor que vá embora do que ter alguém incompatível ao lado, à medida que percebemos que do jeito que aconteceu foi o melhor que pôde ser naquele momento para ambos, então perdoar se torna algo natural. Nutrir raiva e guardar rancores por coisas que passaram só nos impede de olhar para o novo que está a nossa volta. E atrapalha nossos filhos na construção da identidade e autoestima deles.

Se o perdão não acontecer pra você de forma natural, solicite por e-mail uma meditação para o perdão e ferramentas para auxiliar você nesse processo.

Eu sou mãe. Eu sou mulher
Ser mãe nos torna uma mulher diferente da que éramos antes. Algo por dentro muda que se reflete em nossas atitudes na vida. No início, a criança é o centro da atenção e nestes primeiros dias devemos ter em mente que nosso bem-estar é prioridade. Dar mais atenção aos sentimentos de raiva e tristeza nos impede de curtir a alegria e o amor que estamos vivenciando. Focar no que não está dando certo pode atrapalhar inclusive a amamentação, pois os hormônios do estresse são antagônicos aos hormônios da amamentação, podendo cessar a produção do leite.

Nos primeiros dias como mãe, respire e se deixe envolver pelos hormônios do amor, do vínculo e conexão entre você e seu filho enquanto o tempo de curar o seu relacionamento chega para você. Tempo necessário para que os pensamentos e o coração possam perceber as melhores respostas. Agir com raiva não nos leva a soluções assertivas e sim desastradas. Não aja antes de você se sentir bem. Respirar é essencial para dissipar emoções que podem atrapalhar ainda mais nosso sonho da maternidade. É no silêncio que encontramos as respostas, na balbúrdia da mente ficamos imersos em justificativas e julgamentos e não acessamos as respostas que queremos.

Cada mãe tem seu tempo. O tempo de aproveitar a maternidade, de se reconhecer e compreender, de conversar, de perdoar, crescer e superar para viver a vida mais leve.

A experiência faz a vida, e nosso passado não pode ditar o futuro. Não é porque relacionamentos frustrados se repetem que sempre será assim. O tempo de aprender com o que passou também chega, e com ele chega também novas experiências onde poderemos dizer... e somos felizes hoje e para sempre!

Referências
HELLINGER, Bert. *Ordens do amor: um guia para o trabalho com constelações familiares.* São Paulo: Cultrix, 2007.
ROSEMBERG, Marshall B. *Comunicação não-violenta: técnicas para aprimorar relacionamentos pessoais e profissionais.* São Paulo: Ágora, 2006.
OSHO. *Emoções: liberte-se da raiva, do ciúme, da inveja e do medo.* São Paulo: Cultrix, 2006.

9

Você brinca com seu filho?

A importância do brincar em família

Claudete Scheleder Kerber

Claudete Scheleder Kerber

Casada, mãe de dois filhos e Kid coaching pela Rio Coaching. Com certificação Internacional em Coaching para pais, pela Parent Coaching Academy (Reino Unido). Apaixonada por educação, com 25 anos de atuação na área. Formada em Filosofia pela Faculdade Dom Bosco, pós-graduada em Educação infantil e Séries iniciais, pela Uri Santo Ângelo, MBA em Marketing e varejo, pela Unijuí Santa Rosa. *Practitioner* em programação neurolinguística e sistêmica familiar, pelo Grupo Águia de Passo Fundo; *coaching* pessoal com Dulce Magalhães. Durante todo o tempo com seu trabalho infantil dedicou-se a temas corriqueiros, como a ansiedade dos pais em encontrar auxílio para sanar algumas dificuldades que vão surgindo no dia a dia, tais como: realização de tarefas, *bullying*, conflitos familiares, adaptação a novos membros da família, ansiedade, relacionamento com os colegas, timidez, crenças limitantes, alimentação, entre outros.

Contatos
www.kidcoach.com.br
claukerbers@gmail.com
Facebook: Claudete Kerber - Coaching Pais & Filhos
Instagran: Claudetekerber
@claudetecoaching
(55) 99961-6044
(55) 99731-0889

Mãe de dois filhos, Karine e Ricardo, seus melhores presentes, grata a deus por essa oportunidade. Seus filhos cresceram em Santa Rosa, interior do Rio Grande do Sul. Por esse motivo, tiveram uma infância tranquila e com muitas memórias. Eles praticavam várias atividades, como acampamentos em barracas, pular corda, andar de bicicleta e patins na rua. Em dias quentes faziam guerra de bixiguinha, jogavam bola, jogavam cinco marias e aprenderam a pescar, pois a praia é o rio Uruguai, lugar onde andavam de barco e boia.

Em época de férias, em especial no verão, tomavam banho de chuva sem ficar doentes. À medida que toda família se reunia na cozinha para preparar as refeições, criavam brincadeiras e pratos criativos, faziam bolachas de Natal, e logo após arrumavam o pinheirinho. Era uma diversão gostosa. Eles adoravam ir à casa dos avós, pois comiam a macarronada da vó Nadya e o pão da vó Ercilia; essas são memórias que cultivam até hoje.

A convivência com os primos, que mantém até hoje, nas férias e festas de família, brincando e dançando, mostra o quão importante e forte são os laços familiares. Seus filhos adoram voltar para casa, sentar à mesa aos domingos e relembrar histórias que viveram, valorizando cada fase da vida.

Foi professora de seus dois filhos no Nível A (jardim de infância), teve a oportunidade de passar um tempo maior com eles, observando, assim, o crescimento de cada um e participando das atividades escolares, que sempre priorizou.

Todas as mães deveriam ter a chance de ficar em casa com seus filhos no primeiro ano de vida deles, pois poderiam acompanhar de perto o seu desenvolvimento e estimulá-los. Hoje, devido à falta de tempo, grande parte das famílias brasileiras está terceirizando a educação dos filhos. Assim, ao contratar uma pessoa para atender as necessidades dos filhos, os pais acabam passando pouco tempo com as crianças.

Claudete Scheleder Kerber

Como você administra o seu tempo com a família?

Encontrar uma maneira para que possa ocorrer interação familiar é de extrema importância no desenvolvimento da criança. As brincadeiras ocupam um papel especial no desenvolvimento infantil, pois estabelecem uma conexão entre o mundo imaginário e o real, fazendo-a, assim, criar, imaginar e interagir. Esse processo lúdico se inicia dentro de casa, na família, e depois é função da escola, lugar onde a criança irá fazer novas amizades, conhecer pessoas diferentes e interagir, obedecendo regras e aprendendo limites.

A convivência familiar possibilita à criança criar ações que a fortaleçam na resolução de problemas futuros. A brincadeira é a atividade fundamental da infância pela influência que exerce no desenvolvimento infantil. Criar momentos de brincadeiras em família é essencial para o desenvolvimento emocional da criança, pois elas sentem prazer em brincar e divertir-se. Além disso, aprendem a dominar angústias e a controlar impulsos de raiva. Brincando, a criança demonstra sentimentos, ideias e fantasias.

Para criar limites e regras, utilize um jogo que tenha objetivos definidos e que a criança entenda, podendo desenvolver a imaginação e a memória. Dessa forma, ao mesmo tempo em que a criança brinca, ela também interage com a família.

Você poderá usar a criatividade para trabalhar a organização do quarto, dos brinquedos e dos materiais escolares, como gincanas, ou dando prêmios combinados para quem guardar mais coisas. Poderá, assim, estipular como prêmio assistir a um filme comendo pipoca, dormir até mais tarde ou fazer um passeio onde todos irão comer guloseimas. O ideal é ser um prêmio que não envolva valores materiais.

Você permite que a criatividade seja desenvolvida dentro da sua casa?

Brinque de fantasias, de faz de conta, de teatro, de mímica, faça massa de modelar em casa, jogue bola ou brinque de boneca, pois essas atividades desenvolvem a imaginação e irão ajudar no desenvolvimento escolar do seu filho.

As crianças adoram fazer perguntas e participar de tudo, então convide-a para ajudar nas atividades enquanto estão juntos e, assim, ela se tornará mais participativa na escola. Conte histórias todos os dias, pois desenvolverá sua imaginação e atenção, ela aprenderá a interpretar e não terá dificuldades nos estudos. Além disso, através de histórias você poderá auxiliar seu filho a não ter medos e a não ser agressivo, poderá trabalhar os momentos de raiva aprendendo a ter paciência e criando novas amizades.

A importância do brincar em família leva os pais a disponibilizarem um tempo de qualidade com seus filhos, vivenciando momentos fantásticos de aprendizagem e diversão. Assim os pais terão a oportunidade de conversar com seu filho, percebendo as suas dificuldades, seus desejos e dando muito amor criando memórias saudáveis.

Desta forma, os pais poderão rever valores esquecidos e não irão deixar para a escola papéis que cabem à família desenvolver. A criança necessita de uma base familiar sólida, independente da formação que ela tenha, pois o essencial é o amor, o convívio, o exemplo, o diálogo e a união.

O tempo dedicado ao seu filho mostra que você realmente o ama, e propicia novas descobertas, aprendizagens indispensáveis para pais e filhos. Esses momentos criam uma comunicação verdadeira, na qual a criança aprende a aceitar as diferenças. Ao criar brincadeiras, a família irá proporcionar momentos de descontração, liberdade, criatividade e afetividade.

Através das brincadeiras, os pais, avós e tios permitem-se voltar a sua infância, ativando memórias e fortalecendo vínculos. O espaço do lar é transformado em um ambiente acolhedor, onde todos se reconhecem como membros de uma mesma família, assim adultos transformam-se também em crianças.

O hábito de brincar precisa ser cultivado entre as famílias, pois é essencial para que os pais tenham momentos de descontração, aprendizagem e amorosidade, ajudando no desenvolvimento da criança e resgatando momentos de paz, alegria, descontração e criatividade.

De que forma você vê seu filho?

Olhe para seu filho, perceba a idade que ele tem. Não o sobrecarregue de atividades, deixe-o ser criança e participe da vida dele, criando memórias nas quais você estará incluído; respeitando cada fase da sua vida.

Você deve participar de brincadeiras com seu filho, pois ao interagir se cria vínculos. Assim, percebem-se as dificuldades e avanços da criança. Cumpra suas promessas e não marque para brincar com seu filho quando não puder, pois isso afetará a confiança que ele tem em você. Afinal, brincar em família vai além de apenas entreter o filho.

Aproveite cada momento que estiver na companhia de seu filho, converse com ele enquanto o leva para a escola, faça perguntas poderosas que te levem a participar da vida dele, fazendo-o confiar em você.

– Filho, do que você gosta de brincar?
– Quem pode participar?
– Do que você precisa para essa brincadeira?
– Seus colegas gostam dessa brincadeira?

Brincar é essencial e a família tem um papel fundamental na vida da criança, pois essas relações transformarão seus filhos em adultos saudáveis, capazes de agir com segurança para conseguir lidar com as regras que a sociedade impõe.

Atualmente, as crianças possuem muito acesso à tecnologia, divertem-se praticamente sentados ou deitados sem se movimentar. Essas tecnologias são necessárias e fazem parte de nosso mundo, mas podemos limitar o tempo de uso delas trazendo atividades que façam a criança interagir com o outro não só visual como também pessoalmente.

Sugestões de brincadeiras que podem ser estimuladas pelas famílias!

0 a 1 ano
*Ouvir e cantar músicas
*Brincar estimulando os membros do corpo
*Contar histórias
*Jogos grandes de encaixe

2 a 4 anos
*Massa de modelar
*Bambolê
*Boneca
*Jogar bola
*Fantasias
*Contar histórias

5 a 6 anos
*Desenho
*Pintura com tinta

*Casinha, boneca
*Maquiar
*Amarelinha, corda, estátua
*Música, teatro
7 a 8 anos
*Corda, bicicleta
*Rodas cantadas, dança das cadeiras
*Desfile de moda
*Basquete, futebol
*Jogos de adivinha, malabarismo
Acima de 9 anos
*Caça ao tesouro
*Brincar de detetive
* Criar histórias em quadrinhos
*Inventar uma história maluca
*Criar um brinquedo caseiro
* Tocar um instrumento musical
*Gincana

Você acha importante registrar estes momentos?
Uma dica interessante é criar um diário de brincadeiras em família. A cada brincadeira realizada escreva em um diário, podendo criar uma para cada dia do ano ou uma por semana, percebendo o interesse dos participantes, e ao final do ano fazer uma avaliação de como foi.

Tire fotos, filme, registre e depois mostre para toda a família. Selecione o que mais gostaram de brincar. Façam cartazes de elogios agradecendo aos participantes, escrevam bilhetes que ficarão na memória para sempre. Também poderá combinar que cada um procure uma brincadeira diferente, pedindo a opinião da família. No dia que for realizá-la, pedir ajuda para providenciar os materiais necessários. Isso irá desenvolver um espírito de cooperação em equipe.

É muito divertido levar as crianças para a cozinha e preparar um prato especial com os sabores da família, pois através da brincadeira eles estarão desenvolvendo os cinco sentidos: tato, visão, audição, gustação e olfato. Com um pouco de criatividade, iremos propiciar momentos especiais para nossa família e que ficarão na memória.

A criança necessita de afeto para ter uma autoestima positiva, precisa do olhar dos pais com amor para que seu desenvolvimento seja pleno, precisa do exemplo para tomar atitudes e necessita vivenciar experiências prazerosas para que seja feliz e saiba interagir com o outro sem agressão ou raiva.

Nunca diga ao seu filho que ele não sabe brincar. Ensine-o, mostre que ele é capaz de realizar, tenha paciência para que ele aprenda a valorizar as pequenas coisas da vida, cuide do seu tom de voz para que ele sinta prazer no que está fazendo e não desista, e estimule-o a buscar saídas para as suas dificuldades.

O pai tem um papel fundamental nas brincadeiras em família, pois ele faz parte desta e também deve interagir, mostrando para o filho que além de exigir limites também sabe ceder e aprender com todos os familiares.

Na escola, nota-se perfeitamente a criança que brinca em casa, pois esta sabe respeitar o seu tempo, não faz birras na hora que perde e sabe cumprir regras, interage com os colegas, cria brincadeiras, possui autonomia, é criativa nas atividades, desperta interesse por tudo, gosta de aprender e fica atenta, além de concentrar-se com tranquilidade.

Através do brincar, é estabelecido as primeiras relações sociais, a criança aprende a repartir e a dividir. O contato com o pai e a mãe é que vai ajudar o filho a se desenvolver e a socializar-se. É por meio dos jogos e das brincadeiras que as pessoas ampliam seus conhecimentos sobre si, os outros e o mundo, descobrem regras, interagem, conquistam vitórias, ultrapassam barreiras, brincam, tornam-se criativas e superam angústias.

Dicas para mães que criam os filhos sozinhas!
- Nenhuma família é perfeita; os filhos a tornam uma supermãe.
- Dê o seu melhor como mãe, sem culpar-se por nada, ouça seu coração e divirta-se com seu filho.
- Valorize-o, mas o ensine a ouvir não.
- Esclareça suas dúvidas sempre falando a verdade e participe da sua vida ajudando-o a brincar com prazer, obedecendo regras.
- Curta seu filho, brinque, dance, desenhe, pinte, assista a filmes com ele.

Através das brincadeiras, pode-se passar noções de companheirismo, a importância da competição amigável, e a necessidade do envolvimento dos adultos se faz presente para ajudar a organizar sem que hajam brigas, assim fazendo com que todos cumpram as regras estabelecidas aproveitando a oportunidade para aprendizados e diversão.

Você fica tranquilo ao ensinar as regras reais de um jogo?

As brincadeiras em família oferecem aos pais a oportunidade de criarem uma rotina com o filho, fazendo-o seguir regras e limites, propiciando um momento de diálogo, no qual poderá olhar nos olhos do filho para que ele perceba que realmente os pais estão presentes. A educação começa em casa, e a escola irá complementar o que foi iniciado.

Os pais podem ficar frustrados ao ver o filho perder um jogo, mas devem aproveitar a oportunidade para trabalhar a resiliência, que é a capacidade de lidar com as frustrações que a vida nos propicia sem ficar com traumas.

Em sua opinião: vale a pena organizar um tempinho para brincar em família?

É importante criar memórias em que você esteja presente?

Referências
FERNÁNDEZ, Araceli. *Mais de 100 ideias para brincar com os amigos.* São Paulo: Editora Ciranda Cultural, 2013.
BRANDÃO, Heliana; FROESELER, Maria das Graças V.G. *O livro dos jogos e brincadeiras: para todas as idades.* Belo Horizonte: Editora Leitura, 1997.
SIEGEL, Daniel J.; BRYSON, Tina Payne. *O cérebro da criança.* São Paulo: Editora nVersos, 2005.
TIBA, Içami. *Quem ama, educa!* São Paulo: Editora Integrare, 2007.

10

Estratégias eficientes para tornar os filhos independentes

Um dos maiores desafios dos pais modernos tem sido construir um caráter de independência nos filhos diante de uma sociedade fragilizada que gera indivíduos despreparados para o enfrentamento natural dos desafios diários. Baseado em minha experiência como pai e nos estudos que desenvolvi ao longo de 21 anos, compartilho aqui algumas estratégias que possam ajudá-lo a criar filhos independentes

Daniel Sena

Daniel Sena

Daniel Sena, advogado, professor na área jurídica, *coach* licenciado pela Sociedade Brasileira de Coaching, palestrante motivacional e colunista de jornais e blogs especializados em concursos públicos. Pai de três filhos maravilhosos que me ensinaram tudo sobre ser pai e filho. Desenvolvo um trabalho motivacional nas seguintes redes sociais:

Contatos
www.danielsena.com.br
IG: @profdanielsena;
YouTube: /profdanielsena;
Facebook: /profdanielsena;
Periscope: @profdanielsena;

> Ensina a criança no caminho em que deve andar e mesmo quando for idoso não se desviará dele! (Provérbios 22:6)

Recordo-me como se fosse hoje. Tinha quinze anos de idade, estava no quarto tocando violão quando recebi uma ligação da minha namorada dizendo que estava grávida. Naquele dia meu mundo desabou. Imaginem um estudante secundarista, sem trabalho, sem dinheiro, totalmente dependente dos pais e que agora passaria a ter todas as responsabilidades de um adulto. Na época, pensei que minha vida iria se acabar e que aquele erro era a maior prova da minha incompetência para viver. Mas a vida me mostrou que eu estava completamente enganado.

É preciso ser para ensinar

Já ouviu dizer que a vida não tem manual? Pois é, não tem mesmo. A vida se aprende vivendo. E foi isso que fiz todos os dias depois desse incidente. Na época, minha mãe foi muito criticada como se fosse responsável pelo meu erro. Ouvia as pessoas responsabilizando ela, dizendo que minha vida já havia começado de forma errada e que dali para a frente tudo iria piorar.

A cada crítica recebida, eu ficava com mais vontade de conquistar a minha independência e dar a volta por cima. Até que um dia eu decidi construir uma nova história. Decidi que por mais que tivesse errado até ali, os próximos passos seriam diferentes, até porque, a partir daquele momento eu deveria agir com mais responsabilidade, pois havia me tornado pai. Precisava urgentemente me tornar independente. Foi neste momento que aprendi um dos meus valores mais importantes:

Pau que nasce torto só morre torto se quiser.

Daniel Sena

Anthony Robbins (2014) já dizia que "nada acontece em nossa vida sem que de alguma forma tenhamos permitido". O sucesso não é resultado das coisas que acontecem, mas do que fazemos com o que aconteceu. Escolhi usar aquela experiência para ser o melhor pai do mundo ou, pelo menos, tentar ser o melhor pai do mundo. Queria que minha filha recebesse uma educação excepcional, para que ela não passasse por uma situação como a minha e me dediquei nos anos seguintes a dar a ela a melhor educação que podia.

Li muitos livros, analisei diversos artigos, ouvi especialistas, apliquei várias técnicas, cometi inúmeros erros, tornei-me um ser humano melhor, aprendi a ser filho e me esforcei todos os dias para dar a minha primeira filha o melhor que eu pude dar.

Semana que vem será a sua formatura. Ana Gabriela, aos 21 anos, se formará em direito, já aprovada no Exame de Ordem, será advogada e trabalhará comigo em meu escritório de advocacia. O que na época foi motivo de desespero hoje é meu maior motivo de orgulho. Além do sucesso profissional, ela também obteve uma grande evolução pessoal. Sempre foi referência entre os da sua idade. Obediente, madura, educada, companheira, sensível, amorosa, inteligente, e acima de tudo independente e responsável. Gosto muito desse resultado. Gosto muito do ser que ela se tornou.

Eu precisei ser independente para ensiná-la sobre a independência. Eu precisei assumir o controle da minha vida para ensiná-la a assumir o controle da vida dela. E foi exatamente essa experiência que me motivou a escrever sobre o assunto. De todos os valores que consegui passar para ela, o que para mim gerou o maior impacto nas demais áreas da sua vida foi a busca pela independência. Independência em todos os sentidos. Seja na área profissional, seja no campo pessoal, seja na esfera emocional, ter independência é o primeiro passo para a realização pessoal. Independência tem a ver com autonomia, com capacidade, com responsabilidade, com manifestação da vontade, com poder de escolha. São valores que tornam qualquer ser humano forte e capacitado para viver uma vida plena e feliz.

Depois dela, vieram mais três filhos, Davih (16), Geovanna (15) e Heittor (14). Sinto-me realizado em cada uma das experiências. Costumo dizer que eles são meus melhores professores da vida. O aprendizado com a educação da mais velha fez com que a dos outros filhos se tornasse mais eficiente apesar de cada um deles apresentar personalidade própria e desafios peculiares.

Construindo a autonomia

Esses 21 anos de missão paterna me fizeram perceber a existência de algumas atitudes fundamentais na construção de um caráter independente e que podem ser repassados através do poder da influência. Falo da influência porque acredito ser essa a melhor ferramenta para ensinar um filho a ser quem você deseja. Em contrapartida, a pior estratégia educacional nos dias atuais é a imposição unilateral da vontade. Considerar que uma criança obedecerá ao pai sem nenhuma restrição e sem nenhuma consequência prejudicial a sua saúde emocional é ignorar a realidade educacional que nos apresenta.

Sozinho, a missão de educar um filho é quase impossível. A construção educacional dos filhos não é uma tarefa só dos pais. É preciso compartilhar a importância desse processo com quem está sendo formado. É preciso envolver os filhos nessa missão de transformá-los. Quando o filho participa desse processo a chance de sucesso é de cem por cento. A parceria entre pais e filhos possibilita a construção de um caráter forte e independente. Como salientam Siegel e Bryson no livro Disciplina sem drama, muitos pais de hoje estão aprendendo que "a disciplina será muito mais respeitosa – e sim, efetiva – se eles iniciarem um diálogo colaborativo, recíproco, bidirecional, em vez de apresentar um monólogo".

Seguindo nessa direção, compartilharei com vocês algumas atitudes que se mostraram muito eficazes na construção de um caráter independente:

1. Atenção

O psicólogo John Gottman (2001) constatou em suas pesquisas que "herdamos uma tradição de fazer pouco caso dos sentimentos da criança simplesmente porque ela é menor, menos racional, menos experiente e mais fraca que os adultos em volta dela". Ignorar os sentimentos do seu filho transmite uma mensagem de desconsideração dos seus sentimentos, fragilizando assim sua autoconfiança. Dar atenção é um alimento importantíssimo à autoestima da criança desde que não seja de qualquer jeito. Dar atenção não é só beijar. Dar atenção é notar. Ainda que seja algum comportamento ruim, reprovável, é preciso olhar com atenção. Nada é mais prejudicial à construção da autonomia de uma criança do que a indiferença. A indiferença ressalta o sentimento de desvalor, aumenta a sensação de não pertencimento e apequena o indivíduo.

Faz-se necessário agir com espírito de urgência. Nada de deixar para lá. Quando uma criança é ignorada, sua atitude traduz-se em abandono ampliando o abismo entre ela e os pais. A atenção influencia diretamente a autoconfiança tornando-a capaz de gerir seus próprios sentimentos e, por consequência, resultando em um comportamento autônomo.

2. Confiança
Todo filho, por menor que seja, acredita já ser capaz de lidar com sua própria vida. Às vezes não consegue arrumar a própria cama, mas sua necessidade de independência o faz acreditar verdadeiramente na sua capacidade de gerir sua própria vida. Como pais, temos plena consciência de que ele ainda não está pronto para encarar a realidade da forma como se apresentará no dia a dia, contudo, é preciso fortalecer o laço de confiança.

Essa estratégia eu aprendi com meu pai, que sem nenhuma técnica científica me ensinou certa vez em Brasília quando conversávamos embaixo do prédio. Nesta época, eu era um ser humano bem difícil, estava em uma fase de rebeldia sem igual. Meu pai, que falava pouco, enquanto caminhava comigo me disse o seguinte:

– Filho, tenho percebido que a cada dia você está crescendo mais. A cada dia você é mais responsável, a cada dia você está mais perto de viver sua vida. Minha função é guiá-lo pelo melhor caminho. Comparo você a um cavalo preso a uma carruagem. Eu sou o cavaleiro que aos poucos vou afrouxando as rédeas. Solto às rédeas à medida que você me prova saber qual o caminho a seguir. Quanto mais responsável você for, mais eu afrouxarei as rédeas. Não as soltarei de uma vez para não correr o risco de você sair correndo e se machucar, mas afrouxarei o suficiente para que você trilhe seu caminho.

Este dia foi marcante para mim, pois percebi que poderia ser livre se mostrasse para meu pai que tinha capacidade para seguir bem o meu caminho.

Tudo que um filho deseja e busca incessantemente é provar para os pais que já são dignos da confiança deles. Se ele pedir para confiar, desde que seja algo compatível com sua maturidade, confie. Se ele não der conta, você terá o melhor argumento do mundo para lhe dizer que ainda não está apto para decidir sozinho.

Não existe aprendizado mais poderoso que a experiência.

3. Desapego

Desde que meus filhos eram bem pequenos eu sempre os estimulei a serem independentes. Primeiro porque nós (eu e a mãe) sempre trabalhamos. Quando os pais trabalham fica mais difícil acompanhar o dia a dia dos filhos. Além disso, um célebre ditado popular faz muito sentido aqui. Não devemos criar os filhos para nós, mas criá-los para o mundo. Pensava comigo, se não estimular meu filho agora a ser independente ele não conseguirá sobreviver no mundo como ele está.

Esse é um aprendizado muito difícil para os pais, pois queremos eles sempre por perto, mas se você superproteger seu filho, acabará tornando-o sensível demais. Ele não suportará as dificuldades da vida quando tiver de enfrentá-las. Então desapegue.

Quando os pais entendem que os filhos não são suas obras eternas e cativas, assumem de forma mais eficiente a sua posição de educadores. Somos educadores para o mundo e, como educadores, precisamos mostrar aos nossos filhos em casa como deverão viver fora dela. O exemplo vivido dentro de casa favorece a superação do medo de experimentar a vida.

4. Conscientização

Como diria o psiquiatra Içami Tiba (2007), "por mais que seja amado, um filho não se educa sozinho. Pais conscientes de sua missão de educar os filhos dedicam-se a conscientizá-los da sua situação, da realidade, da vida como ela realmente é".

Um dos maiores erros de um pai é tentar poupar seu filho dos desafios da vida. Quando os pais se tornam responsáveis pelos filhos, eles se acomodam nessa situação e deixam de crescer. A evolução saudável de um filho decorre diretamente dos desafios que ele vive ao longo do caminho. Enfrentar esses desafios no lugar dos filhos pode até parecer uma forma de proteção, mas é sem dúvida um dos maiores algozes da autoestima. É impossível para os pais estarem para sempre na vida do filho. Em algum momento, o filho terá que encarar a realidade sozinho e não estará preparado para isso, pois em vez de conscientizá-lo acerca da necessidade de enfrentar os desafios, você o protegeu.

Logo quando minha filha mais velha estava prestes a experimentar sua vida sozinha, me confidenciou que estava sentindo medo do que viria. Olhei para ela e disse que não precisava ter medo, mas era muito importante que tivesse consciência do que poderia acontecer. Basicamente os filhos precisam estar conscientes das consequências e das renúncias que deverão fazer quando fizerem suas escolhas. Conscientizá-los é a melhor forma de encorajá-los a viverem suas próprias vidas sem medo.

5. Responsabilidade

Não existe independência sem a atribuição de responsabilidade. Quer que seu filho seja independente? Atribua a ele a responsabilidade por aquilo que já tem capacidade de suportar. Obviamente que não se deve dar aos filhos atribuições além da sua capacidade. Lembre-se de que sua missão é torná-lo independente, não sufocá-lo com atribuições que não ajudarão na formação do seu caráter. Se você tem dois filhos, sendo um de cinco anos e o outro de um ano, não me parece ser muito instrutivo deixar esses filhos sozinhos em casa enquanto você trabalha. O mais velho, por mais que seja maduro, não tem condições de se responsabilizar pelo irmão mais novo, ele não teria condições de resolver eventuais problemas mais complexos. Mas esse mesmo filho de cinco anos já pode aprender desde cedo a guardar seus brinquedos depois da brincadeira na sala. Ele também já é capaz de aprender a colocar sua própria roupa e amarrar o tênis.

Permitir ao filho que viva uma experiência de autonomia é conferir a ele a responsabilidade pelos seus atos e comportamentos. Contenha-se em protegê-lo das consequências. Lembre-se de que a experiência gera um aprendizado muito eficiente, e livrar seu filho disso pode tornar sua educação deficiente.

6. Cooperação

Já conheci muitas crianças que enxergam os pais como verdadeiros mordomos. Dois dos meus filhos tinham o hábito de beber água e deixar o copo em cima da pia. Dentro da nossa rotina, às vezes, eu lavava a louça quando tinha mais tempo em casa, mas na maior parte do tempo quem fazia isso era a mãe deles. Um dia ela teve uma excelente ideia. Sugeriu que deixássemos que eles usassem os copos até que não houvesse mais copos limpos. Dito e feito. No final do dia, o mais novo reclamou, "Mãe, não tem mais copo limpo, como beberei água?" Com uma oportunidade de ouro para educá-los, não perdemos o momento. De imediato, ela respondeu: "Onde estão os copos?" O Davih disse: "Eles estão em cima da pia, mas estão sujos". Era a deixa que precisava: "Então se quiser beber água, você pode lavá-los". O filho retrucou: "Mas eu não sei fazer isso". Foi quando a mãe disse: "Então eu vou te ensinar e a partir de hoje todas as vezes que beber água você poderá lavar imediatamente o seu copo e nunca mais faltará copo para você". Não foi um aprendizado rápido, pois tivemos que chamar a atenção deles por mais algumas vezes até que aquele comportamento se tornou um hábito. A partir desse simples fato, conseguimos conscientizá-los da necessidade de que todos precisavam ajudar nas atribuições de casa. Definimos papéis de acordo com a capacidade e aptidão de cada um e resolvemos um problema para sempre. Hoje todos eles lavam louça, arrumam a casa e fazem outras tarefas domésticas que, apesar de serem chatas, são necessárias.

Conclusão

A minha intenção com este artigo era dividir com vocês meus aprendizados sobre a formação de filhos independentes de forma que vocês se sintam inspirados a construírem esse caráter em suas próprias experiências educacionais. As técnicas aqui apresentadas possuem fundamentação tanto nos meus estudos teóricos quanto no meu aprendizado prático na criação dos meus filhos. Estou longe de ser um pai perfeito, mas morrerei tentando ser o melhor para os meus filhos. Incentivo vocês a fazerem o mesmo. Ao prepararem seus filhos para serem independentes, vocês estarão se ajudando como pais, ajudando seus filhos a serem pessoas mais felizes e ajudando a sociedade a terem melhores cidadãos. Todos ganharão, mas principalmente seus filhos. Então, mãos à obra.

Referências

SIEGELC, Daniel J.; BRYSON, Tina P. *Disciplina sem drama*. tradução Cássia Zanon. 1 ed. São Paulo: Versos, 2016.

GOTTMAN, John, Ph.D. *Inteligência emocional e a arte de educar nossos filhos: como aplicar os conceitos revolucionários da inteligência emocional para uma compreensão da relação entre pais e filhos*. 1 ed. Rio de Janeiro: Objetiva, 2001.

ROBBINS, Anthony. *Poder sem limites: o caminho do sucesso pessoal pela programação neurolinguística*; tradução: Muriel Alves Brazil. 18 ed. Rio de Janeiro: BestSeller, 2014.

TIBA, Içami. *Quem ama educa!: formando cidadãos éticos*. Atuali. São Paulo: Integrare Editora, 2007.

ZAGURY, Tania. *Filhos adultos mimados, pais negligenciados: efeitos colaterais da educação sem limites*. 1 ed. Rio de Janeiro: Record, 2015.

11

Seja um líder inspirador para seus filhos

Acredito que os pais sejam os melhores líderes *coaches* que os filhos possam ter. Ao longo da minha experiência como mãe do Nicolas, de 12 anos, e de minha atuação profissional como psicóloga, *coach* para pais e filhos e formadora de líderes, pude constatar a importância de identificar e desenvolver competências que baseiam a capacidade de liderar nos pais

Danielle Gomes

Danielle Gomes

Danielle Gomes é psicóloga, *coach*, *kidscoach*, *parent coach*, *mentoring* e analista comportamental. Possui MBA em Gestão de pessoas e especialização em Docência. Com atuação nas áreas de Psicologia clínica e Gestão de pessoas, desenvolvimento de liderança, programas de coaching para líderes e para pessoas que buscam um maior propósito de vida. É especialista em *coaching* infantil e *coaching* de orientação para pais. É certificada em *Professional & self coaching,* analista comportamental e 360° pelo Instituto Brasileiro de Coaching – IBC, Leadership and Coaching, pela Ohio University College of Business (EUA), *mentoring*, pelo CAC – Center for Advanced Coaching (EUA), *practitioner* SOAR – Soar Advanced Certification Program, pela Florida Christian University (EUA), **coaching** para pais, pela Parent Coaching Academy (Reino Unido).

Contatos
www.daniellegomescoach.com.br
danielle@daniellegomescoach.com.br
www.facebook.com/daniellegomescoach/
Instagram: dialogos_em_familia
(11) 98615-1975

Pai e mãe líder coach

> "Os pais são os gerentes da empresa mais importante do mundo: a família".
> — Lorraine Thomas.

Encontramos liderança não só nas empresas, mas em todos os lugares e posições, inclusive na família. Como pai e mãe, quando você é um líder inspirador para seus filhos, também os ajuda a desenvolver a própria autoliderança. Você é o modelo mais poderoso no qual seu filho se espelha.

> Os líderes exemplares sabem que, se quiserem promover o engajamento e alcançar os mais altos padrões, precisarão ser os modelos dos comportamentos que esperam dos outros. (Kouzes e Posner)

Apesar de ser um modelo, você não deve se preocupar em buscar a perfeição. O mais importante é buscar conexão e ser coerente, ou seja, ter consistência entre o que se fala e o que se faz. Ao lidar com sua vulnerabilidade, assumindo os erros e sendo passível de falhas, você permite que seu filho aprenda com os próprios erros e responda positivamente às frustrações e decepções, tornando-se mais resiliente.

Como líderes na família, pai e mãe gerenciam todas as atividades relacionadas à tomada de decisão, planejamento, orçamento, gestão do tempo, administração de conflitos, segurança, comunicação e estratégia. Podemos conceituar estratégia como o ato de fazer escolhas e entender as opções disponíveis e identificar as consequências de cada decisão. Pensar em longo prazo e construir para o futuro.

Assim como uma empresa, a família também precisa traçar sua estratégia de atuação no mundo, baseadas em sua Missão e Valores. A Missão é a razão pela qual nossa família existe enquanto os Valores servem como uma bússola, que norteiam escolhas e influenciam todos os aspectos da vida, tais como a qualidade e a quantidade de tempo e atenção que dedicamos aos filhos, a escolha dos comportamentos que reforçaremos ou desestimularemos. Líderes também devem cuidar do clima, cultivando ambientes onde todos compartilhem valores e princípios, que serão transformados em ações.

Nenhum líder consegue resultados expressivos trabalhando sozinho. O trabalho em equipe é indispensável. Os líderes *coaches* estimulam a colaboração, promovem a confiança e facilitam os relacionamentos. Alcançamos mais facilmente os objetivos comuns ou mesmo compartilhados quando engajamos as pessoas nas decisões, lhes confiamos a execução, lhes atribuímos responsabilidades e reconhecimento ao longo do processo.

Praticamos esses conceitos quando envolvemos nossos filhos no processo decisório, reestruturando com eles as tarefas diárias, como nos afazeres de casa, na hora do banho, no momento e no preparo das refeições, ao fazer compras e a lição de casa. Quando os envolvemos na criação de rotinas e os deixamos participar ativamente, fazemos com que se envolvam e se comprometam, desenvolvendo o senso de autorresponsabilidade.

Como pai e mãe *coach*, substitua a imposição pela educação, permitindo que a criança aprenda através da internalização dos conceitos, que passam a fazer sentido para ela. Os líderes *coaches* usam as perguntas para ajudar as pessoas a desenvolver o próprio raciocínio e chegar às próprias conclusões, orientando-as para que deem o melhor de si. Peter Drucker afirmou que: "O líder do futuro pergunta, o líder do passado diz". Transferir o próprio poder e reforçar a autoridade e a responsabilidade aos seus filhos os tornará mais fortes e capazes.

A criança que se sente acolhida e amada por seus pais, que por sua vez buscam educá-la orientados pela afetividade e pela congruência, irá desenvolver um autoconceito positivo, que lhe proporcionará uma interação adequada com o meio.

Os papéis do pai e mãe *coach* são:
- Despertar o potencial de cada filho;
- Ouvir e ensinar;
- Compartilhar responsabilidades;
- Fazer perguntas que levem à reflexão e à ação;
- Orientar os filhos;
- Encorajar;
- Direcionar para o futuro.

A liderança emocional

A liderança emocional significa entender o impacto que você causa aos outros e procurar adequar o seu estilo. As pesquisas demonstram que as pessoas mais efetivas são aquelas que possuem pleno conhecimento de si mesmas. Pai e mãe *coach* precisam prestar atenção ao impacto causado por sua disposição e comportamento.

O aprendizado floresce em ambientes que favorecem altos níveis de inteligência emocional. Em ambientes com níveis baixos de inteligência emocional, predomina o clima de medo e ansiedade. Segundo Daniel Goleman, os componentes da Inteligência Emocional são:

– **O autoconhecimento** – É a capacidade de reconhecer as próprias emoções, identificando pontos fortes e limitações, tornando-se confiante sobre o seu próprio valor. Estimulamos na criança o autoconhecimento quando a ajudamos a conectar seus pensamentos com suas emoções, tornando-a mais apta a expressar o que ela pensa e sente, e se apropriando de seu autovalor.

– **Gerenciamento das emoções** – É a capacidade de controlar as próprias emoções, de agir com confiabilidade, ter consciência e adaptabilidade. Administrando suas próprias emoções, pai e mãe *coach* ajudam a criança a compreender melhor o que está interferindo em suas próprias reações frente ao problema, podendo gerir e regular melhor seus comportamentos.

– **Consciência social** – É a capacidade de se colocar no lugar do outro, de forma mais conectada com suas emoções. Vai além de detectar as emoções dos outros: é mostrar que verdadeiramente se importa com elas. A empatia é uma habilidade que pode ser aprendida desde muito cedo e nos torna mais sensíveis e solidários aos problemas do outro. Pequenas ações, como divisão de tarefas, de pertences, o cuidado e o acolhimento entre os membros da família e o respeito ao próximo, fortalecem a valorização sobre o outro e sobre a afetividade.

– **Gestão do relacionamento** – É a capacidade de se comunicar com clareza e de modo persuasivo, administrando conflitos e construindo vínculos. Demonstramos esta capacidade quando somos capazes de resolver os conflitos pelo diálogo e interagimos de forma respeitosa, estabelecendo relações mutuamente satisfatórias.

Com base no desenvolvimento da inteligência emocional, o pai e mãe *coach* são capazes de monitorar seus estados de espírito, através da autoconsciência, alterá-los para melhor por meio da autoadministração, entender seu impacto pela empatia, estabelecer uma ação para mobilizar outras emoções e administrar suas relações.

Pratique e fortaleça sua liderança emocional:

1) Quem você quer ser?

Imagine-se como um pai ou mãe líder altamente eficaz. O que você vê?

2) Quem é você atualmente?

Identifique suas fraquezas e pontos fortes como pai ou mãe.

3) Como você vai daqui para lá?

Faça um plano de ação e foque em ser o melhor pai ou mãe que você pode ser.

4) Como fazer com que as mudanças permaneçam?

Utilize-se de exercícios de visualização e ensaie novos comportamentos repetidas vezes – física e mentalmente – até que se tornem automáticos.

5) Quem pode ajudar?

Identifique outras pessoas que possam ajudá-lo nesse processo de mudança.

Perfis comportamentais:

Para uma melhor compreensão dos perfis comportamentais, compartilho com vocês uma pequena fábula adaptada de uma estória contada na formação que fiz na ferramenta SOAR de análise comportamental, que intitulo de A Escola da Floresta:

"O coelhinho foi para o seu primeiro dia de aula na escola da floresta. A professora Dona Coruja passou a primeira atividade para a turma em que todos teriam que correr. O coelhinho se saiu muito bem na atividade, o peixe foi se debatendo como pode, o passarinho deu seus passinhos e o macaquinho também se destacou, cumprindo a tarefa rapidamente. O coelhinho chegou em casa todo empolgado contando para a mãe sobre o dia maravilhoso que passou na escola. No dia seguinte, foi todo motivado para seu segundo dia de aula. A Dona Coruja recebeu os alunos e orientou sobre a atividade a ser realizada: cavar! O coelhinho, todo empolgado por ter bastante habilidade para cavar, se sentiu muito feliz! O macaquinho também realizou a atividade com êxito. O passarinho e o peixe se empenharam, mas não obtiveram muito sucesso.

Na aula seguinte, a atividade proposta pela Dona Coruja era de voo. "Voar, como assim?", perguntou o coelhinho. E a professora em sua explicação foi bastante firme: "Nas outras atividades, seus colegas mesmo com dificuldades realizaram as tarefas propostas, e hoje você terá que se esforçar também". E lá foi o coelhinho rolando morro abaixo batendo a cabeça nas pedras. Chegando em casa, disse aos pais que não queria voltar à escola. Os pais leram o bilhete enviado por Dona Coruja e acharam um absurdo o filho não ter conseguido cumprir a tarefa proposta: "Você precisa se dedicar mais. Vamos contratar um professor particular!"

Essa pequena ilustração nos faz perceber que muitas vezes não respeitamos nossas habilidades diferenciadas e desejamos que o peixe corra e que o coelho voe. No entanto, não podemos perder de vista que cada criança é única e, para cada uma delas, o desafio será visto de forma diferente. Sua educação deve manter os valores e princípios básicos, porém deve ser personalizada e adequada às suas particularidades e necessidades. Quando percebemos isso, entendemos que precisamos ser pais diferentes para cada um de nossos filhos e que devemos ajudá-los a maximizar seus pontos fortes e minimizar seus pontos fracos.

É fundamental celebrar a diversidade, mas isso requer entendimento. Não devemos fazer a criança acreditar que é superior aos demais, mas direcioná-la para uma conduta de respeito ao próximo. Ensine a criança que ela não é melhor que ninguém e que ninguém é melhor do que ela. Ela deve crescer com o entendimento de que somos seres únicos e que justamente essa combinação perfeita das diferenças é que nos enriquece, gerando a criatividade e a inovação.

O estudo SOAR – Human Development Tools – analisa a personalidade e o comportamento das pessoas, ajudando-as a se autoconhecerem e se desenvolverem pessoal e profissionalmente. São apresentados quatro estilos de perfis comportamentais: Dominante, Analítico, Paciente e Extrovertido. Cada um de nós tem um estilo dominante. Isso quer dizer que cada um prefere se relacionar de acordo com as características de um dos quatro estilos específicos.

Apesar de todos nós termos um estilo predominante, somos muito mais do que o estilo ou padrão que compartilhamos. Nossas experiências, valores, crenças e idiossincrasias influenciam nosso comportamento e fazem com que cada pessoa tenha a sua maneira especial de fazer as coisas.

Os perfis são características gerais, ninguém será completamente idêntico a um estilo e nenhum estilo é melhor do que o outro. Cada um possui forças, potencialidades, fraquezas, e quanto mais você compreender os pontos fortes de seu filho, mais você poderá ajudá-lo a maximizar o seu potencial.

Quando interagimos com pessoas que compartilham o mesmo estilo que o nosso, criamos uma maior sintonia e afinidade. Não podemos mudar nosso estilo próprio, mas podemos adaptar nosso comportamento para melhor combinar com o estilo de outra pessoa. Devemos ajudar a criança a flexibilizar desde cedo e desenvolver a capacidade de ajustar seu comportamento.

Dominante:
Costuma ser franco, direto e controlador. Gosta de ter atenção completa e de expressar sua própria opinião. Vencer, mais do que qualquer outra coisa, o motiva. Gosta de ser reconhecido através de suas realizações e costuma ser mais focado em resultado do que em sentimentos. Pode parecer insensível na percepção dos outros perfis, mas quando os outros estilos aceitam que esta é sua forma de operar, entendem que é apropriado para ele se comportar assim.

Todo pai ou mãe dominante precisa trabalhar consigo para não abafar a personalidade do filho, permitindo que ele tome decisões por si mesmo. Quando temos um filho com perfil dominante, estimulamos sua efetividade ao ensinarmos habilidades de paciência, incentivarmos a valorização dos relacionamentos interpessoais e a disposição para aprender, estaremos o ajudando a ser menos dominador.

Analítico:
Costuma ser disciplinado, cuidadoso e ter um alto padrão de qualidade. Gosta de explorar as ideias de modo detalhado, baseia suas decisões em fatos e informações comprovadas. Não gosta de mudança porque enxerga o futuro como uma variável desconhecida. Motiva-se por precisão e lógica e gosta de ser reconhecido por sua eficiência, organização, persistência e precisão.

Quando estiver lidando com uma criança analítica, ao corrigir seu comportamento, especifique o que exatamente precisa ser mudado e estabeleça acordos. Demonstre o processo de uma forma eficiente e lógica, explicando o motivo de cada etapa. Ajude-o a valorizar mais os relacionamentos e a ser mais tolerante e decisivo. Permita-lhe errar, pois já costuma ser muito autoexigente.

Paciente:
Um grande colaborador em manter a harmonia e estabilidade do meio. É hábil em incentivar os outros e costuma ser mais interessado em ouvir as preocupações alheias do que expressar as próprias. Motiva-se através da estabilidade, quando se sente aceito e quando é reconhecido por sua lealdade e confiança.

Tenha sensibilidade de acolher seus sentimentos, não sendo duro demais, nem criando prazos muito apertados, pois para este estilo pode ser muito estressante fazer as coisas no ritmo dos outros perfis. Na medida do possível, ajude-o a ser mais aberto às mudanças, acreditar em si mesmo, ter mais iniciativa e lidar com os conflitos de forma construtiva.

Comunicativo:
Possui muitas ideias, mas não necessariamente a facilidade de colocá-las em ação. Seu ritmo costuma ser acelerado e mostra-se impaciente com detalhes. Costuma basear as decisões sobre seus impulsos, intuição e opinião sobre outras pessoas. Comunica o que pensa e gosta de ser reconhecido. Tem uma propensão a esticar as regras, a fim de alcançar os resultados.

Este estilo é o perfil que mais necessita de reconhecimento. Precisa liberar sua energia física, não gosta de ficar muito tempo confinado. Não gosta de rotina e precisa de ajuda para priorizar, organizar e conseguir concluir suas tarefas e poder transformar suas palavras em ações.

Os perfis influenciam em nossas relações com os outros e na maneira como comunicamos os sentimentos. Nossas interações são melhores à medida que somos receptivos e prestamos atenção em como cada um se comporta e prefere que nos comportemos em resposta. Como pai e mãe *coach*, você poderá construir relacionamentos mais efetivos com as pessoas quando é capaz de modificar seu estilo para adaptá-lo ao dos demais. Mas lembre-se, nunca devemos rotular as pessoas a partir dos estilos e padrões comportamentais.

Buscar o autoconhecimento e a inteligência emocional nos ajuda no estabelecimento de uma comunicação assertiva, em que se respeitam as especificidades de cada um. Quando compreendemos que não somos autossuficientes e que é na interdependência que somamos habilidades e conhecimentos, criamos uma maior sinergia e nos tornamos melhores. Eu passo a ser quem eu sou em minha essência e permito que o outro seja quem realmente ele é.

Acredite, você já possui todos os recursos que precisa dentro de você para ajudar o seu filho a aflorar toda a grandeza que existe dentro dele!

Referências
GOLEMAN, Daniel; BOYATZIS, Richard; McKEE, Annie. *O poder da inteligência emocional, a experiência de liderar com sensibilidade e eficácia.* Rio de Janeiro: Campus, 2002.
GOLDSMITH, Marshall; LYONS, Laurence S.; McARTHUR, Sara. *Coaching: o exercício da liderança.* Rio de Janeiro: Elsevier, 2012.
POSNER, Barry; KOUZES, James. *O desafio da liderança – Como aperfeiçoar sua capacidade de liderar.* Rio de Janeiro: Elsevier, 2013.

12

Estratégias para controlar a ira dos pais e transformar a atitude dos filhos

Como pais e mães em conflito na rotina com seus filhos conseguem reverter essa situação e resgatar a conexão e o prazer do convívio familiar? Qual o poder da atitude dos pais na relação com as crianças? Descubra isso e mais um tanto de inspiração que te levarão rumo à felicidade familiar

Dariane Bagatolli

Dariane Bagatolli

Coach de pais e filhos, esposa e mãe. Formou-se em Serviço social e Administração e trabalhou durante doze anos na maior empresa do Paraná, cuidando das pessoas através de atendimentos, treinamentos e programas de qualidade de vida no trabalho. Mesmo dentro do ambiente organizacional, sempre se interessou por temas relacionados à família, tanto que se especializou em Ciências da família e aconselhamento familiar, além de outros cursos, como *practitioner* em programação neurolinguística (PNL), Reprogramação biológica e trabalho com grupos. No meio desse trajeto, conheceu a Pedagogia sistêmica, o *coaching*, o *Parent coaching* e o *Kids coaching*. Tudo isso, junto com a maternidade, levaram-na a abandonar seu emprego público para viver o sonho de ajudar muitas famílias a trilharem o caminho da reconexão rumo à felicidade familiar. Atualmente, dedica-se à sua família e aos atendimentos de *coaching*, além de ministrar *workshops* e palestras para pais.

Contatos
www.darianebagatolli.com.br
darianebagatolli@hotmail.com
www.facebook.com/dariane.bagatolli
Fanpage: https://www.facebook.com/darianebagatollicoach/
(45) 99972-6067

> "Quando a mãe vive feliz
> Os filhos também vivem"

O dia amanhece ensolarado, um céu de brigadeiro. Um domingo leve e amistoso. Laura já estava em pé e havia feito algumas coisas, como tomar café da manhã, ler, cuidar das plantas... até que chega a hora de acordar a pequena Sofia, de quatro anos. Laura começa a sentir-se tensa e dirige-se ao quarto da amada filha, receosa quanto ao que vai acontecer. Abre a porta do quarto escuro e, com toda a delicadeza, aproxima-se da cama, então, carinhosamente, solta um "Bom dia" acompanhado de beijos e abraços. O que acontece?

Como de costume, às 10h da manhã, Sofia reclama, queixa-se que está com sono, ordena que a mãe saia do quarto; quando Laura movimenta-se para sair, a menina grita para que a mãe fique. Então, começa a resmungar, chorar, murmurar... A mãe tenta ser amorosa, abre as cortinas devagar, a filha coloca as mãos nos olhos e se joga na cama chorando porque está muito claro. Laura, que já chegou tensa, começa a ficar nervosa. Continua tentando conversar com a filha, explicando que só está querendo começar bem o dia. A menina continua surtada. Laura diz que é hora de tirar o pijama. A menina resiste em levantar da cama para escolher uma roupa, então a mãe escolhe, a menina grita que não quer aquela. Laura fica irada e começa a gritar com a filha também e ordena que a menina coloque a roupa. Os ânimos estão pra lá de tensos. Laura veste a filha à força enquanto ela chora e grita. O dia começa sempre muito torto quando é hora de acordar a pequena e amada criança de quatro anos, que neste momento suscita os piores sentimentos na mãe. Laura sente-se triste, pois gostaria que a filha começasse o dia bem-humorada e ficasse feliz com seu jeito amoroso de acordá-la, além de sentir uma enorme culpa por perder a paciência na hora de conduzir a filha tão pequena.

Dariane Bagatolli

Essa é uma cena comum num lar de uma mãe "suficientemente boa", ou ainda, de uma mãe consciente e comprometida com o melhor para seus filhos. A boa notícia é que Laura conseguiu reverter essa situação caótica e reestabelecer uma relação de harmonia e conexão com a filha. Como? É sobre isso que vamos falar!

O funcionamento do cérebro da criança

Compreender o funcionamento cerebral de uma criança é, sem dúvida, um passo importante para que os pais sintam-se mais seguros e calmos diante dos choros e comportamentos infantis imprevisíveis que suscitam sentimentos de agressividade e frustração nos adultos. Às vezes, conhecer minimamente o que acontece do ponto de vista fisiológico já é o suficiente para que os pais conduzam de maneira mais serena e adequada um momento de agitação da criança.

Certa vez, uma mãe me perguntou o que poderia estar acontecendo com seu filho de dois anos, já que parecia que ele possuía um comportamento inato de agressividade. Minha resposta foi: "Seu filho e todas as outras crianças possuem esses comportamentos de forma inata".

O que ocorre é que o ser humano nasce com apenas 70 por cento de seu cérebro pronto. Os outros 30 por cento só vão terminar sua maturação em torno dos 21 anos de idade.

De acordo com os neurocientistas, nascemos com o sistema límbico, parte cerebral responsável pelas emoções, pronto. No entanto, o neocórtex, que comanda o pensamento racional, ainda permanece em desenvolvimento. Por isso, quanto mais jovem, maior a probabilidade de comportamentos imaturos, como as popularmente conhecidas "birras" ou "manhas".

Com o neocórtex ainda em desenvolvimento, é muito fácil as emoções dominarem a situação. Na ausência do comando da razão, a raiva de um momento de frustração pode tomar conta e fazer os pais não compreenderem por que tanta fúria para tomar banho ou vestir-se.

É por isso que, quando as crianças estão cansadas ou com fome, agem de forma irracional, choram e brigam, aparentemente sem motivos. O lado racional do cérebro ainda é incapaz de inundar a atitude com coerência.

Nesta questão, é necessário abordar, de forma breve, dois tipos de comportamentos inadequados ou birras e algumas formas sugeridas para lidar com isso.

O primeiro diz respeito àquele momento em que seu filho é completamente inundado pelos sentimentos e é incapaz de se controlar. Algumas crianças até podem se autoagredir, como bater a cabeça na parede ou morder-se. Nessas ocasiões, os pais devem apenas oferecer sua presença, apoio e contenção, se for o caso, para que a criança não se machuque. Abaixar-se no nível da criança, olhar nos olhos, dizer o que a criança está sentindo e por que está com esse sentimento, ou seja, explicar o fato gerador com empatia pode ajudar a ativar o neocórtex para que volte a se acalmar. Quando a criança estiver bem, aconselha-se que haja uma conversa sobre o ocorrido, auxiliando-a a encontrar novas atitudes caso a cena se repita.

Outro tipo de comportamento inadequado é aquele em que a criança chora para obter atenção ou para conquistar algo que quer. Isso não quer dizer que as crianças são más e manipulam as situações. Todos nós, mesmo adultos, gostamos que as coisas sejam do nosso jeito, mas nem sempre isso é possível. Por isso, desestimular esse tipo de comportamento fará com que seu filho na vida adulta possa resistir com maturidade a essas frustrações naturais da vida. Então, o ideal é ser objetivo nas palavras e não dar atenção. Nesses casos, geralmente o choro cessa rapidamente.

Vale destacar que cabe aos pais sabedoria para discernir os comportamentos dos filhos e tudo que está por trás deles. Muitas vezes, a queixa por atenção é verdadeira... Pode ser que os pais estejam trabalhando demais, brincando de menos, chegou um irmãozinho, mudou-se de escola... Enfim, sempre é necessário ter sensibilidade para avaliar o contexto e agir de forma sábia.

Dominando o cérebro dos pais

Pais e mães também são "raptados" por suas emoções diante de situações simples vivenciadas com os filhos, ou ainda diante das crises aparentemente incontroláveis das crianças. Diversos são os motivos para pais do mundo inteiro serem impacientes, ríspidos e agressivos. O problema é que isso pode se tornar um hábito e consequentemente um padrão de relacionamento disfuncional em casa, gerando um clima desagradável e desarmonioso.

Primeiro, porque se cria um padrão de relação com a criança, em que os pais comunicam através de sua fala, tom de voz, postura corporal e atitude algo para o filho que, por sua vez, acostuma-se a responder de uma forma que alimenta essa maneira de comunicar dos pais, e assim cria-se um ciclo.

Segundo, porque os filhos tendem a se comportar do mesmo modo que os pais, algo que os neurocientistas explicam através dos neurônios espelho. Esse mecanismo faz com que as pessoas busquem, inconscientemente, se comportar de forma semelhante aos membros do grupo da qual fazem parte. Na família isso é muito forte. Para compactuar desse sentimento de pertencimento, as crianças "imitam" as atitudes dos adultos. Por isso, preste atenção: seu filho está gritando muito? Observe se você está falando muito alto! Seu filho está agitado? Observe sua própria agitação! Enfim... observe seu filho com atenção e olhe para si. Talvez você se surpreenda!

Então, se você mudar, seu filho também vai mudar... Não é possível obter resultados diferentes com as mesmas ações. É preciso fazer diferente para conquistar o que se almeja, em tudo, inclusive na família!

Você pode começar com uma estratégia simples para gerenciar seu estresse e, a partir daí, encontrar suas próprias alternativas de mudança. Quando se aborrecer com seu filho:

1. Aceite e reconheça seus sentimentos. Perceba o que de fato está sentindo. Questionar a raiva, por exemplo, pode trazer razão para a situação e impedir sua vazão.
2. Respire. Saia de cena se for preciso. "Esfriar" em local diferente interrompe os pensamentos que alimentam os sentimentos negativos.
3. Agora sim, escolha com consciência como vai agir.

Se eu mudar minha atitude, meu filho mudará a dele

Isso é fato, quando fazemos algo diverso do habitual, em qualquer relação, provocamos mudança no outro. Com os filhos não é diferente. O que precisamos é adotar novas atitudes e mantê-las com coerência por vários dias. Sabe quando você decide fazer dieta ou praticar atividade física? Nos primeiros dias, começa bem, apesar da dificuldade. Na segunda semana, você se desmotiva, fica muito difícil manter o que se propôs, mas se for persistente seu corpo iniciará uma resposta positiva à sua nova ação. Você se sentirá mais disposto, as roupas ficarão mais folgadas e você mais animado. Logo você terá um novo hábito em sua vida e seu corpo continuará respondendo em reciprocidade a isso.

É claro que este é só um exemplo, mas serve pra deixar mais evidente que, se você implementar uma atitude nova diante de seu filho, assim como seu corpo responde à dieta, a criança também agirá de modo diferente do que costuma fazer. E, se for persistente, logo você e seu filho terão um novo hábito relacional mais saudável e prazeroso. Assim, podemos dizer que transformar a atitude dos filhos começa quando transformamos a nossa.

Agora que você já conhece um pouco sobre o funcionamento cerebral da criança e possui uma estratégia para se acalmar nas crises de raiva; vou pontuar algumas mudanças possíveis e simples de serem implementadas e que podem auxiliar na solução daqueles conflitos que se repetem todos os dias na sua família. São estratégias para serem usadas quando você estiver calmo e no controle de seus próprios sentimentos. O ideal é começar por uma única situação que tem sido estressante, como levantar de manhã, tomar banho, fazer tarefas, a hora da refeição, dormir... Enfim, escolha um momento conflitante da rotina e seja persistente. Estudos sobre hábitos indicam que uma pequena mudança impacta positivamente em outras áreas da vida, neste caso, da família toda.

– Faça acordos prévios do que espera do seu filho. Na história utilizada como exemplo no início desse texto, Laura passou a explicar para Sofia, antes de dormir, o que esperava da filha na hora de acordá-la pela manhã e perguntou-lhe como ela gostaria que fossem seus primeiros minutos do dia. Assim, as duas definiram como seria a rotina ao acordar e, quando Sofia não correspondia ao combinado pela manhã, sua mãe logo perguntava sobre o que tinham conversado, assim ativava o neocórtex da criança, antes que ele fosse inundado por sentimentos confusos.

– Identifique e fale dos seus sentimentos. Continuando no mesmo exemplo, quando Sofia amanhecia com atitude ríspida com a mãe, logo Laura lhe dizia como se sentia chateada ao ser tratada assim pela filha. Dessa forma, os pais ensinam para a criança que seu comportamento impacta as outras pessoas, e assim lhes dão noção de limites.

– Seja firme, objetivo e coerente na postura. Sustente o que você definir. Nas manhãs de rotina nova, Laura começou a falar de forma objetiva com a filha quando ela se comportava de maneira inadequada. Abandonou os sermões e apenas dizia como se sentia e avisava a filha que se ela mantivesse a postura agressiva, a mãe sairia do quarto. Na sequência, se a filha mantivesse a briga, a mãe saía do quarto. Mantenha essa coerência por alguns dias, logo sua criança perceberá a mudança e agirá de outra maneira.

– Tenha empatia. Imagine que quem está ali é um amigo seu e pense como você trataria esse amigo. Você falaria as coisas que costuma falar para seu filho? De que forma você o abordaria?

– Promova momentos especiais. Selecione, no mínimo, dez a quinze minutos por semana para fazer com seu filho o que ELE quiser. Pergunte e permita que ele escolha a atividade, que pode ser pintar, brincar, caminhar, assistir desenho... Enfim, ele vai decidir e você vai participar junto com ele sem dar palpites ou interferências. Coloque um despertador de cozinha ou o celular para marcar o tempo e esteja 100 por cento presente com ele.

– Brinque para conhecer seu filho. Quando for brincar com ele preste atenção nas posturas, falas, desenhos e brincadeiras. Através do brincar eles comunicam sentimentos e acontecimentos pelos quais estão passando e, aí, quem sabe, você poderá ajudá-lo.

– Exercite a gratidão todos os dias. Escolha um horário, eu sugiro que seja antes de dormir, e faça um momento em família em que todos falem "as três melhores coisas que aconteceram no dia". Essa prática cultiva o otimismo em toda família.

Essas são algumas formas de mudar a sua atitude enquanto pai/mãe para provocar uma mudança em seu filho e, com isso, ter um resultado diferente nas suas relações familiares, conquistando mais paz e prazer na presença com sua criança. Entretanto, esse é apenas UM caminho... Certamente existem outros. Eu espero apenas que essas práticas sejam inspiração para um novo passo rumo à FELICIDADE FAMILIAR.

A felicidade como caminho

A felicidade vem de dentro. E se as crianças podem espelhar comportamentos desagradáveis dos pais, também podem agir de modo livre e feliz se esse for o padrão que encontram em casa.

Dizer isso não significa ter uma vida perfeita constituída somente de dias felizes. A felicidade vai muito além disso... Ela envolve autoconhecimento suficiente para estar em paz com o passado, levar uma vida conforme a própria essência, estar alinhado com seus valores e ser uma pessoa resiliente.

Aceitar os próprios pais e como foi sua infância é um bom começo para reconciliar-se com o passado e, consequentemente, com a felicidade. Muitos pais dizem que querem ser diferentes do que seus pais foram, mas quando menos percebem estão agindo exatamente igual com os próprios filhos. Não há problemas em querer fazer diferente, afinal, como nova geração temos o compromisso de aprimorar o sistema familiar. Entretanto, a problemática que aprisiona é o julgamento. Julgar os próprios pais, que fizeram o que puderam dentro de suas limitações e em seu tempo, gera a repetição de padrão, o famoso "eu não queria, mas estou fazendo igual". O ideal é fazer um movimento interno de aceitar e honrar a educação que recebemos como foi, compreendendo que graças a ela, com seus erros e acertos, somos quem somos hoje e, assim, nos tornamos emocionalmente adultos. Dessa forma, temos a liberdade verdadeira de fazer novas escolhas.

Aliás, quais são as novas escolhas que você quer fazer com seu filho? Antes de responder essa pergunta, eu gostaria que você pensasse quais seus objetivos como pai/mãe? O que você acha mais importante na sua atuação nesse papel? Enfim, quais são seus valores?

Todos nós temos valores, mas às vezes não temos clareza disso. Conhecer isso amplia nossa visão e compreensão de expectativas e comportamentos diante dos filhos. Os valores estão por trás do que decidimos e consequentemente do como agimos. Assim, podemos entender por que para uma família é tão complicada a alimentação das crianças ao passo que para outra o momento tenso é a hora de ir dormir. Quanto mais você compreender seus próprios valores, mais poder de governo terá sobre suas atitudes diante dos filhos e, como consequência, mais felizes vocês serão.

Mas convenhamos que nem tudo são flores! É claro que em algum momento haverá desentendimentos na família, ainda mais quando falamos de crianças que possuem cérebros em desenvolvimento. Então, as crianças vão chorar diante do não ou de situações aparentemente incoerentes para os olhos dos adultos. Seu filho pode, por exemplo, "empacar" para ir para o banho ou para sair do chuveiro, pode fazer um escândalo para sair do playground da pracinha, pode negar-se a comer a bolacha quebrada do pacote, pode se jogar no chão de uma loja por causa de um brinquedo, pode, pode e pode. Eu poderia fazer uma lista dos desafios que os pais enfrentam com as crianças, mas eu prefiro te perguntar: onde você está colocando sua atenção?

Lembre-se das situações reais e positivas que vivenciou com seu filho e que são fruto da sua dedicação e empenho. Lembre-se das qualidades do seu filho. Perceba quantos recursos positivos vocês têm em família! Certa vez, aprendi que "tudo que a gente foca expande". Então, foque em tudo que você, mãe/pai, tem feito de bom e tudo que seu filho tem de especial. Além de melhorar o relacionamento familiar, você presenteará seu filho com uma herança muito preciosa, pois pessoas resilientes são aquelas capazes de enxergar oportunidades diante das dificuldades da vida, e isso sim é felicidade!

Referências
GOTTMAN, John, PhD. *Inteligência emocional e a arte de educar nossos filhos*. Rio de Janeiro: Objetiva, 2001.
GOLEMAN, Daniel, PhD. *Inteligência emocional: a teoria revolucionária que define o que é ser inteligente*. Rio de Janeiro: Objetiva, 2007.
SIEGEL, Daniel J. *O cérebro da criança: 12 estratégias revolucionárias para nutrir a mente em desenvolvimento do seu filho e ajudar sua família a prosperar*. 1. ed. São Paulo: nVersos, 2015.

13

Constituindo a família que se deseja

É preciso observar que a origem, função e destino da família exigem novas reflexões e práticas para constituição e manutenção de uma família unida e feliz! Será mostrado como o *coaching* pode propiciar um novo olhar, instrumentalizar e promover, por meio de perguntas, orientações e ferramentas, o alcance dos objetivos e novos códigos familiares

Deisilane Bortoloto

Deisilane Bortoloto

Kid coach formada pela Rio Coaching. *Parent coach* com certificado internacional pela The Parent Coach Academy. *Personal and professional coach* e líder *coach* pela SBC – Sociedade Brasileira de Coaching. Atuante como *coach* de família, vocacional e de carreira, psicóloga clínica com especialização em Teoria e Terapia Junguiana e extensão em Psicofarmacologia. Psicóloga organizacional com aprofundamento em Recursos Humanos pela EP – Escola Preparatória. Formação técnica em Contabilidade. Auditora interna de Certificações ISO9001, ISO14001 e Selo de Ética Probare. Certificada Six Sigma Yellow Belt. Consultora de recursos humanos e profissional de gestão de pessoas trabalhando para empresas públicas e privadas. Atuando há mais de dez anos com treinamento e desenvolvimento individual, de grandes equipes e líderes de diversos níveis e segmentos. Palestrante em temas sobre família, gestão de pessoas, qualidade de vida e psicologia e saúde.

Contatos
www.deisilanecoach.com.br
deisilane@deisilanecoach.com.br
facebook.com/deisilane.bortolotomartins
(24) 98811-0996 (atendimento presencial e online)

Evolução acerca da família

Como estão as famílias hoje? De onde vieram e para onde vão? Sobre a etimologia da palavra família, certamente foi advinda do latim, porém existem dúvidas se relacionada ao termo *fames* ("fome") ou a derivação do termo *famulus* ("servente"). Fato é que com o passar do tempo vários tipos de família foram descritos: nuclear ou conjugal, ampliada, monoparental, alternativa, comunitária, contemporânea, etc.

Para abarcar essa diversidade em 2016, o dicionário Houaiss decidiu mudar a definição da palavra "família" em suas páginas e, inspirado nos diferentes núcleos familiares que existem no nosso país, reescrever o verbete de família. O novo texto reflete as mudanças na sociedade e, reforçando a modernidade e a inclusão, foi escrito com a colaboração de milhares de pessoas que participaram da campanha chamada "Todas as Famílias" e o conceito ficou assim: "núcleo social de pessoas unidas por laços afetivos, que geralmente compartilham o mesmo espaço e mantêm entre si relação solidária".

Em diversos ditos e escritos sobre a família aparece de forma recorrente que a família é um conjunto de pessoas que se amam e se respeitam. Interpretação de que família são pessoas que estão juntas nas horas boas ou ruins, se amando e se apoiando. Há tempos já não é tão óbvio definir família. Pergunte, faça o teste! Isso ocorre porque as coisas mudaram, porque o mundo mudou.

Contudo, a função da família não teve tanta mudança assim, continuando a ser considerada uma instituição responsável por promover a educação dos filhos e influenciar o comportamento destes no meio social. O papel da família no desenvolvimento de cada indivíduo é de fundamental importância. É no seio familiar que são transmitidos os valores morais e sociais que servirão de base para o processo de socialização da criança, bem como as tradições e os costumes perpetuados através de gerações. O ambiente familiar é um local onde deve existir harmonia, afetos, proteção e todo o tipo de apoio necessário na resolução de conflitos ou problemas de algum dos membros.

E o *coaching* entra para ajudar nessa missão, pois muito do que era feito e usado antes não serve mais para fornecer e extrair o melhor das famílias. Com o *coaching* é possível propiciar um novo olhar e principalmente uma nova prática para instrumentalizar, impulsionar e promover o alcance de objetivos.

O que se pode observar, então, é que embora ainda existam dúvidas sobre surgimento da palavra família, e muitas divergências e uniões sobre sua forma de ser e se desenvolver atualmente, mais importante do que de onde veio, é para onde vai, e principalmente o que faz. Como e para que se constitui. Família em si começa no desejo de ser família, e seu desenvolvimento se dará como convier aos seus membros.

Como constituir, de fato, uma família unida e feliz!

Como construir e manter uma unidade de família nesta modernidade? E como fazer a passagem dessa possibilidade histórica de origem, de fome ou de sermos escravos em uma mesma casa, para uma vivência saudável e feliz? Para possibilidades de oportunidades, de prosperidade, pela afinidade genuína, por laços de vínculos diversos, sejam eles sociais ou consanguíneos. Para que se possa não viver sob o peso da obrigação de estar junto, ou gerar rompimentos desnecessários, mas sim buscar aproveitar a presença e se desenvolver em conjunto. Os laços sociais ou de sangue que unem pessoas como família podem servir como prisão ou como fonte de alegria, compartilhamento, aperfeiçoamento e realização.

O que é ser família para sua família? Como ser a família que deseja? Como conectar um membro ao outro? Como não serem apenas pessoas que moram juntas? Como atrair os filhos para seus pais? Num mundo em que as referências de saber muitas vezes já não são os pais e professores, mas a internet e os que fazem muito sucesso nela, e os exemplos a serem seguidos e perseguidos estão vazios e a quilômetros de distância.

Antigamente tínhamos vários códigos de família, símbolos da dita tradicional família brasileira, como: o peso do sobrenome, fazer todas as refeições juntos, de modo geral tinham a mesma religião e seguiam juntos os seus rituais, e se reuniam em torno da televisão; os melhores itens ficavam com os pais, e os filhos muitas vezes herdavam dos mais velhos (alimentos, roupas, eletrônicos), os mais velhos eram o símbolo da união da família desempenhando toda a sua autoridade de patriarcas, e posteriormente matriarcas. Hoje vemos como símbolos modernos de família: estar presente em momentos importantes para o outro (muito pessoal para cada família: aniversário, formatura, 15 anos, etc.), cada membro da família desempenhando sua religiosidade de forma mais particular, não tem um símbolo geral em torno do qual se reúnem, cada um vivendo mais suas atividades pessoais do que coletivas, filhos terem itens melhores que os pais (eletrônicos, roupas, alimentos, etc.), as crianças como símbolo da união da família e muitas vezes desempenhando uma autoridade que não as compete.

Na ânsia de dar o melhor, de os filhos não sofrerem e não passarem as dificuldades que os pais passaram, estes acabam por protegê-los demais. É quando vemos pais que deixam de pagar contas para dar presentes que os filhos desejam, com receio de que tomem caminhos errados para ter esses itens com mais facilidade e total risco, ou mesmo para não se aborrecerem, não viverem o estresse de um filho reclamando ou de vê-lo aparentemente triste e não saber lidar com isso. É ilusão pensar que sem dar o item desejado há um problema a resolver, e que dando o que se quer tudo está resolvido. Ledo engano, porque em geral o item dado leva a outras questões a serem resolvidas e a outros desejos, e quando não é dada a devida atenção a isso, tudo pode piorar.

É quando as famílias dizem: "Não sei nada sobre meus filhos." "Não sei o que pensam ou sentem, fico sabendo deles por outras pessoas e não consigo ver o que se passa dentro da minha própria casa." "Não sei quando meu filho está ou não em casa, porque como fica direto no quarto não faz a menor diferença." "Não conheço mais meu filho (ou meu marido), não sei como nem quando isso aconteceu."

É o amor com limites e as dificuldades da vida que os situam e lhes dão repertório, os instrumentalizam e possibilitam encontrar as saídas para as situações difíceis com as quais irão se deparar ao longo da vida e não dar as coisas e fazer as vontades, mais que viver juntos, conviver. Precisa-se de novos códigos familiares!

Com certeza, sua família já possui diversos códigos, mas muitas vezes esses códigos são apenas impostos ou inconscientes, que geram uma cultura familiar fraca ou velada. É preciso conhecer e transmitir valores, sonhos, formas de lidar com as dificuldades, casos de sucesso e lições diversas. É preciso, acima de tudo, a transparência de uns para com os outros, e mais que viver a união, viver a interseção; criar novos códigos com a participação de todos da família, códigos que os representem, e transformar os já existentes em códigos visíveis, transmissíveis, a fim de serem transmutados em sentimentos compartilhados, desejos pessoais em sonhos e objetivos em comum, aplicados por meio de regras e acordos, gerando uma cultura forte e saudável para a família.

Para começar, intimidade física ajuda a reconectar. Apreciar a companhia e o toque. Quanto mais natural melhor, mas a princípio se não estiver natural serve marcado mesmo, melhor que não ter. Pedir e chamar pra dar um colo e com o passar do tempo isso pode ser naturalmente assimilado. Expressar afeto, dar e pedir carinho, estar atento e responder a sinais, porque as relações de confiança, segurança, conforto e bem-estar proporcionam a unidade familiar.

Para alcançar o que é esperado como família é preciso primeiro olhar para si e para o outro como indivíduo, reconhecendo, respeitando e aceitando as particularidades e necessidades de cada um para, posteriormente, olhar o outro como família. O primordial é que todos possam se expor e serem ouvidos, crianças, adolescentes, adultos e idosos, de acordo com suas condições de compreensão e de expressão, papel desempenhado e responsabilidades que tenham condições de assumir nesta fase da vida, nessa interseção de seres diferentes que tem algo em comum.

E como coaching é ação, então vamos à prática!

É imperativo reforçar que, como preconiza o *coaching*, o melhor é que cada família crie novas ações para si, para benefícios diversos, tendo sedimentado seu entendimento após terem sido deixadas diversas perguntas para reflexão e uso com a sua família ao longo deste capítulo e de todo o livro.

Claro que é convivendo genuinamente e observando com atenção dia após dia que é possível estar próximo e conhecer um ao outro, mas quando as coisas estão difíceis, muitas vezes não se sabe por onde começar. Nesse caso, é preciso um "quebra-gelo", um ponto de partida, um passo a passo na ação, sendo assim, seguem as orientações e ferramentas abaixo. Estas indicações servem como aproximação para quem estiver distante dos seus objetivos como família, e curtição, aprofundamento e manutenção para quem já estiver próximo do que deseja.

Orientações: (além das já citadas ao longo do texto)
- Identificar o que cada membro da família mais gosta, o que é zona de interesse para cada um, e buscar atividades com essas temáticas descobertas.
- Realizar atividades juntos. Lembrando que após terem conhecimento uns sobre os outros há maior chance de adesão a essas atividades em família.
- Criar o dia da família, com a periodicidade que convier à família, promovendo a aproximação e conhecimento.
- Fazer perguntas de forma lúdica: criando um caderno de perguntas como os das décadas de 80 e 90; usando baralhos ou livros de perguntas disponíveis em livrarias.
- Lidar com artes e movimento, que estimulam a expressão da imagem, dos sentidos e sentimentos: dançar, cantar, fazer artes diversas (artes plásticas, desenho, pintura, massinha, argila, artes audiovisuais: fazer vídeos com assuntos interessantes para a família ou algum membro desta).

Autorizo o acesso a ferramenta de reconhecimento, aproximação e união familiar pelo link:

http://e-qr.me/5452ff

ou pelo QR code:

Referências
ARIÈS, P. *História social da criança e da família*. Rio de Janeiro: LTC, 1981.
BRASIL. *Estatuto da criança e do adolescente*. 15 ed. São Paulo: Saraiva, 2007.
PARAGUASSU, Léo. *Dicionário enciclopédico ilustrado formar*. 7 ed. São Paulo: Editora Formar, 1966.
TADEU, Paulo. *Novo puxa conversa - 135 perguntas para trocar ideias*. Editora Urbana.
Dicionário Houaiss reescreve o verbete família. Disponível em: <http://g1.globo.com/fantastico/noticia/2016/05/dicionario-houaiss-reescreve-o-verbete-familia.html> Acesso em: 05 jan. 2017.

14

Desenvolvendo a autoconfiança de seus filhos; sim, isso é possível

Muitas pessoas enxergam dor e sofrimento. Eu mesma já me vi assim. Hoje sei que ser mãe de um filho especial me traz uma grande experiência e amor puro

Fernanda Risi

Fernanda Risi

Fernanda Risi é mãe, atua há vinte e nove anos com desenvolvimento de crianças e adultos, é apaixonada pelo desenvolvimento humano, pedagoga, pós-graduada em Psicopedagogia, especialista em Educação infantil e Educação especial, personal coach certificada pela Sociedade Latino-Americana de Coaching em *Coach life* e *Coaching* para pais, pela Parent Academy. Analista comportamental Disc, certificada pela Sociedade Latino-Americana de Coaching. É fundadora do programa Mães pra lá de especiais e Programa TPM (Técnicas de empoderamento para mulheres). *Training* e palestrante para profissionais da área de educação, pais e desenvolvimento de habilidades e talentos para crianças e adultos.

Contatos
www.maespraladeespeciais.com.br
fernanda@maespraladeespeciais.com.br
coach.fernandarisi@gmail.com
Instagram: coach.fernandarisi
Facebook: Fernanda Risi – Coaching para Mães
(11) 98866-3666

Muitas pessoas me perguntam como é ser mãe de uma criança especial. Geralmente as perguntas terminam com frases, como: "Deve ser bem difícil" ou "Você sofre muito". Não vou dizer que tudo sempre foi alegria e felicidade, mas me recuso a ser encaixada no papel de sofredora.

No meu caso, a gravidez foi tranquila e fui receber a notícia que meu filho tinha uma síndrome rara com apenas quinze dias de vida, isso há 24 anos. Certa vez, li uma matéria em que uma psicóloga dizia que esse momento é semelhante ao luto, ou seja, você planeja uma vida ao lado de uma criança que vai andar, falar, correr e se desenvolver como todas as outras, porém, inesperadamente, você recebe a notícia de que seu filho não vai ser essa criança, e ela dizia que era como se esse filho tivesse morrido e no lugar dele viesse uma criança com um universo completamente particular. Se para as mães de primeira viagem, a maternidade é cheia de dúvidas e descobertas, para a mãe pra lá de especial é um caminho escuro na qual você nunca sabe onde está pisando, e muitas vezes nem que caminho deve seguir. O começo é bem assim.

E não me espanta que a maioria das pessoas enxergue dor e sofrimento. Eu mesma já me vi assim um dia e é preciso muita força para conseguir enxergar o outro lado, os sentimentos bons e a grande experiência que a convivência com uma criança especial pode proporcionar.

Hoje costumo dizer que mais aprendi do que ensinei meu filho (e ainda é assim).

A vida definitivamente tomou outro rumo depois que ele nasceu. Palavras como esperança e fé passaram a fazer parte de nossa rotina, comecei a acreditar em milagres e eles começaram a acontecer em nossas vidas. Aprendi que Deus está em todas as coisas, o tempo todo, e que ele nos manda seus anjos para nos ajudar de forma silenciosa e determinante. Aprendi que sou muito mais forte do que eu imaginava. Experimentei e experimento o amor incondicional da forma mais pura que possa existir. A vida tem outro sabor e uma nova cor, hoje enxergo e valorizo pequenas coisas, sublimes, delicadas, gentis. Aprendi a enxergar as diferenças, a praticar o "olho no olho", a perceber o que está encoberto através de um gesto, um sorriso, um movimento. Faço festa para as pequenas/grandes vitórias do meu pequeno grande homem. Mudei a maneira de me comunicar, de rir, de chorar e de suportar.

Sim, a vida vai ser diferente com uma criança especial, mas pode ser uma feliz experiência se você estiver aberto à grande jornada de aprendizado e evolução, se você estiver disposto a quebrar todas as barreiras, se estiver pronto para se desconstruir e se redescobrir como pessoa, mãe, pai. Quando essa etapa é superada, uma nova vida se inicia, com outras cores, outros sabores e outras experiências. Os sentimentos se acalmam. Você começa a perceber que pode e deve fazer a diferença na vida de seu filho e, quem sabe, na vida de outras crianças, outros pais e uma corrente de ajuda e apoio se inicia. Se pensarmos que a vida é feita de amor, ajuda, aprendizado e grandes experiências, nossos filhos realmente são grandes presentes, e no fundo, bem no fundo do coração, não são eles que precisam da gente e sim nós é que precisamos muito de cada sorriso, de cada superação e de cada olhar de sincero amor!

Sou grata por ser uma Mãe pra lá de Especial.

Desenvolvendo a autoconfiança de seus filhos; sim, isso é possível
1.1 Trate seu filho exatamente como ele é!

Hoje, após 24 anos, tenho a certeza de que acertei muito em como desenvolver a autoconfiança de meu filho com necessidades especiais, o quanto foi importante a minha aceitação e o quanto o meu amor foi "crucial" para que ele fosse a cada dia se superando e enfrentando os desafios...

Não foi um amor com olhar de "coitadinho, ele não é capaz"... Foi um amor dizendo a verdade, ou melhor, a realidade.

Lembro-me uma vez em que o Léo voltou da escola muito quieto, cabisbaixo, rodeou, rodeou e acabou falando:

– Hoje um menino me perguntou porque eu uso essa "BOTA" (órtese ortopédica nos dois pés até o joelho).

Na mesma hora, sem titubear perguntei:

– E o que você falou?
Houve um suspiro e não houve resposta...
Perguntei:
– O que você sentiu na hora que ele perguntou isso?
Ele respondeu:
– Eu não sei porque uso isso...
No mesmo momento falei:
– Toda vez que perguntarem, diga a verdade. Eu uso essa "bota" para me ajudar a andar melhor e não sentir tanta dor.

A partir daí, comentários, olhares curiosos, perguntas sem noção deixaram de incomodá-lo, e o interessante foi e ainda é a naturalidade da situação.

Se a situação, for tratada com a verdade e seu filho perceber, com certeza tudo se tornará mais leve. Não cause mais um problema, não cause uma insegurança desnecessária, lembre-se de que há coisas que não podemos mudar, mas podemos enxergar de maneira diferente.

A cada desafio podemos desenvolver a autoconfiança, porém perceba que autoconfiança não quer dizer que pode tudo... A criança com ou sem deficiência precisa aprender a enfrentar situações de risco, de medo, de limites. Sentindo-se motivada a superar as dificuldades e também a lidar com as frustrações, a criança se tornará um adulto seguro.

A autoconfiança é uma ferramenta poderosa para o ser humano ser capaz de levar a vida de forma saudável e feliz, enfrentando todas as dificuldades, resistências e frustrações.

É por isso que defendo que viver sem autoconfiança não é ser feliz, não é estar bem. E se não estamos bem, nós ou as nossas crianças temos que fazer alguma coisa e não cruzar os braços.

Você sabia que é por meio de exemplos que se educa?
Pergunte-se:
Sinto-me confiante? Gosto de mim? Se sim, certamente você está no caminho certo para conduzir seus filhos no caminho da construção de uma boa autoconfiança, pois nossos filhos se espelham nos pais por mais que nem queiramos que eles façam isso... Lembre-se: se as raízes não têm confiança, como poderemos alimentar os frutos? Percebe?

Como pais, temos uma grande e importante influência sobre a autoconfiança de nossas crianças.

Içami Tiba, psiquiatra e psicodramatista, escreveu sobre a importância que a educação familiar tem durante toda a vida do indivíduo, independentemente da era em que se está inserido, para ele:

> A maior segurança para os navios pode estar no porto, mas eles foram construídos pra singrar os mares. Por maior segurança, sentimento de preservação e de manutenção que possam sentir junto aos pais, os filhos nasceram para singrar os mares da vida, onde vão encontrar aventuras e riscos, terras, culturas e pessoas diferentes. Para lá levarão seus conhecimentos e de lá trarão novidades e outros costumes, ou, se gostarem dali, poderão permanecer, porque levam dentro de si um pouco dos pais e de seu país. (TIBA, 2002, p.23).

Segundo Içami Tiba, a autoconfiança é um fator importante na formação da nossa identidade. A confiança pode ser considerada uma competência extremamente importante na vida de cada um de nós. Sem um sentimento de autoconfiança em si ou sem ter confiança nas suas habilidades e capacidades, certamente sente-se incapaz de realizar aquilo que deseja.

Autoconfiança em termos simples significa confiança em si mesmo. Para inspirar confiança nos outros, é necessário aprender a ter confiança em si. É crer que sou capaz, que eu posso, que eu consigo, que tenho capacidade e disposição para ir em frente, para aprender o que não sei, para reconhecer as oportunidades, para ultrapassar os obstáculos que surgem, para superar meus bloqueios e para vencer as minhas limitações.

Eu tive sucesso na educação dos meus filhos, Bia e Léo, por sempre demonstrar segurança no que falava, nas atitudes, e isso se deve a minha autoconfiança, pois contribuiu positivamente para o desenvolvimento da autoconfiança de cada um.

Pessoas autoconfiantes são decididas, sem serem arrogantes ou defensivas, apresentam-se de maneira segura, têm facilidade de expressar suas opiniões, enfrentar desafios, dominar novos trabalhos e tomar decisões sensatas mesmo sob pressão.

O desenvolvimento da autoconfiança começa na infância. Uma educação superprotetora ou autoritária dada pelos pais pode resultar em filhos inseguros e despreparados para assumir responsabilidades. Pais que permitem que as crianças expressem suas próprias opiniões e desejos estimulam o desenvolvimento da capacidade de decidir com confiança.

À medida que avançamos à maioridade, cultivar autoconfiança deve ser um exercício constante, buscando vencer os medos e superar as fragilidades.

Para elevar a autoconfiança é preciso perceber as emoções

Para elevar a autoconfiança, é importante ter percepção emocional, que significa reconhecer as próprias emoções. As pessoas com essa percepção sabem que emoções estão sentindo e por quê. Conseguem relacionar seus sentimentos com o que pensam, fazem e dizem; reconhecem como seus sentimentos afetam seu desempenho e aqueles com quem trabalham e convivem; possuem uma percepção de seus valores e objetivos. É igualmente importante fazer uma autoavaliação precisa, ou seja, reconhecer os próprios recursos, capacidades e limitações. São pessoas conscientes de seus pontos fracos, capazes de reflexão, aprendendo com sua experiência e com os erros, sem culpas. E se mostram mais abertas e flexíveis ao aprendizado.

Não ensine seu filho a ser o mais forte, o mais inteligente ou o mais valente. Ensine-o a ser "ele mesmo".

Pesquisas e especialistas advertem: além de prazerosas, essas atitudes contam muito no desenvolvimento dos pequenos. A seguir, apresento algumas frases e posturas que ajudam a construir uma forte autoconfiança.

Eu te amo

Seja antes de dormir, seja na hora de acordar, não importa: o momento em que a criança pequena ouve a mãe dizer "eu te amo" é muito especial. Esse ato de carinho aumenta o vínculo entre pai e filho, traz encantamento e conforto. E pode ficar na memória para sempre!

Você é muito especial

Uma pesquisa realizada pela Duke University, dos Estados Unidos, reforça que a construção de um vínculo afetivo intenso com a mãe diminui os níveis de estresse e ansiedade da criança, tornando-a mais forte para lidar com as pressões da vida adulta.

Até mesmo quando a criança é maior e já está na fase de alfabetização, vale a pena repetir muitas vezes o quanto ela é amada e especial para a família.

Você veio para completar a nossa vida
Em palestra na Fundação Maria Cecília Souto Vidigal, a neurocientista e professora da UFRJ Suzana Herculano-Houzel afirmou que, há pouco tempo, a neurociência descobriu que nosso cérebro vem equipado com um sistema especializado em detectar carícias – como toques suaves sobre a pele e abraços apertados – e informar sua ocorrência nas regiões que cuidam da sensação de bem-estar. Sempre que possível, faça carinho no seu filho e repita frases de conforto – isso fará com que ele se sinta amado e seguro.

Eu confio em você!
Não tenha medo de estragar uma criança com carinho, atenção e demonstração de confiança. O que realmente faz mal é a indiferença. Também é muito importante deixar seu filho consciente das consequências e riscos dos seus atos para que ele se sinta responsável por eles.

Fico muito feliz quando você…
Sempre que seu filho fizer algo certo ou que lhe agrade, reconheça. Ele precisa ouvir o seu reconhecimento.

Você consegue / Você é capaz
O psicólogo americano Daniel Goleman, autor da teoria da Inteligência Emocional, acredita que aprender a lidar com emoções e inseguranças desde cedo é outro quesito para obter sucesso no futuro. Um bom motivo, portanto, para você ajudar seu filho a trabalhar a autoconfiança e sentir-se confiante nas atividades que está realizando.

Você sempre poderá contar comigo e com seu pai
Demonstre o amor que você sente pelo seu filho. A criança precisa de afeto. Isso faz com que ela tenha a certeza de que, aconteça o que acontecer, os pais estarão por perto para ampará-la.
Os especialistas são unânimes em reconhecer que a criança amada é também mais inteligente e feliz.

Fale para o seu filho das qualidades dele e mostre que você acredita na capacidade dele. No dia a dia, mostre que ele pode contar com seu apoio para realizar tarefas, mesmo as mais simples, como escovar os dentes ou calçar os tênis, mas, ao mesmo tempo, dê autonomia para que ele aprenda a fazer sozinho e encontre a sua própria maneira. Quando precisar repreendê-lo, lembre-se de focar no comportamento ruim e não em quem praticou, senão você acabará rotulando a criança, o que a fará acreditar que realmente é daquele jeito.

A criança deve ter certeza de que está sob sua proteção, mas não sob o capô.

Deixe-o saber que você sempre vai estar perto. Deixe-o saber que pode recorrer a você para pedir ajuda, que não lhe virará as costas, deixando-o para resolver problemas complexos de forma independente.

A comunicação com a criança deverá ter lugar em pé de igualdade, e não ser nivelado pela altura do mais velho e aumentar o seu filho, fazendo um pouco de seu ídolo.

Dê ao seu filho a oportunidade de resolver os seus problemas, não devemos ficar presos à discussão das crianças sobre brinquedos. Há necessidade de pressa com a transferência para outra escola, se a relação não funciona com professores e colegas? Caso contrário, a criança não será capaz de aprender a ver a situação e procurar uma saída, mas também deixa de ter sucesso. Nessa situação, ele só irá tentar evitar o fracasso, longe do problema, em vez de tentar resolvê-los.

Não compare seu filho com filhos de outras pessoas.

É melhor se concentrar em suas qualidades pessoais, e ensinar a criança a avaliar as próprias ações e a eles mesmos. Se uma criança começa a se comparar com alguém constantemente, pode ficar dependente das opiniões e avaliações de outros, o que normalmente é bastante subjetivo.

E para finalizar, quero deixar algumas dicas de atividades que podem contribuir para aumentar a autoconfiança do seu filho.

Jogos e brinquedos

Formas simples de brincar que geram emoções positivas e ajudam a criança a perceber que as suas ações podem influenciar e controlar resultados importantes.

Tesouros na hora de dormir
Pais e filhos fazem uma contagem de bons e maus momentos do dia. Isso estimula as crianças a pensarem positivamente e a estabelecerem metas para o dia seguinte.

Lista das pequenas coisas
Pais e filhos fazem uma lista dos desafios que conseguiram superar durante o dia e das alegrias que foram saboreadas.

Referências
CURY, Augusto J. *Nunca desista dos seus sonhos*. Sextante, 2004.
TIBA, Içami *Quem ama, educa*. São Paulo Editora Gente. 2002.

15

Falando de empatia com nossos filhos

Neste capítulo, você vai compreender a importância da Empatia, do desenvolvimento e prática de valores dentro da sua família. Vamos apresentar estratégias e ações a fim de pensarmos na formação de nossos filhos e ajudar a equacionar Empatia com Transformação Social, para uma sociedade mais ética e humana

Fernanda Teixeira

Fernanda Teixeira

Psicóloga e pedagoga, diretora e mantenedora da Escola de Educação Infantil e Ensino Fundamental Capítulo I. Terapeuta infantil e familiar. Palestrante nas áreas educacional, desenvolvimento infantil e relações familiares. Certificada pela Parente Coaching Academy. Premiada pela Associação Brasileira de Liderança por Excelência e Qualidade Brasil 2015, na Categoria Entidade de ensino por mérito social educacional.

Contatos
www.escolacapitulo1.com.br
Teixeira.f@hotmail.com
direcao@escolacapitulo1.com.br

> "O mundo que deixaremos para nossos filhos depende dos filhos que deixaremos para o nosso mundo" – Mario Sérgio Cortella

Nesta frase, tema de seu livro, Mário Sério Cortella nos leva a uma reflexão sobre o comportamento das novas gerações e o quanto nós, pais, podemos contribuir para isso.

Sabemos que o ser humano é um ser social por natureza e depende dos demais desde o seu nascimento, somos sociais e incompletos se nos falta a relação com os outros.

Assim, para que se estabeleçam relações sadias para o convívio em sociedade, a educação deve ter por finalidade a transmissão de valores que possibilitem mostrar aos nossos filhos o que, em nossa opinião, é "bom" ou "ruim", o que "vale" e o que não "vale".

Um dos valores mais importantes e necessários para a formação de indivíduos transformadores e atuantes em nosso mundo é, sem dúvida, a EMPATIA. Palavra aparentemente nova e muito falada nos dias de hoje, que tem sua origem desde o século XVIII com o filósofo J. J.Rosseau, que via a importância de se sentir no lugar do outro, pelo outro, como valor primordial para a sociedade.

A palavra EMPATIA tem sua origem no grego *empatheia*, que significa "tendência para sentir o que se sentiria caso estivesse na situação e circunstâncias experimentadas, vivenciadas por outra pessoa".

Mas sabemos que não basta se colocar no lugar do outro, devemos agir diante do que nos desperta empatia, e essa ação deve caminhar rumo a uma sociedade mais justa e menos desigual.

A empatia, capacidade de se colocar no lugar do outro e sentir pelo outro, carrega em si muitos outros valores e atitudes que podemos ensinar aos nossos filhos durante seu processo de desenvolvimento, entre eles falaremos sobre respeito, tolerância, cooperação, compaixão, solidariedade. E para que se convertam em uma atitude ética perante o mundo, esses valores precisam ser vivenciados de forma consciente e crítica.

Fernanda Teixeira

E é a família e o comportamento familiar um dos fatores mais importantes na construção da empatia e no desenvolvimento desses valores. A cultura familiar favorece ou não a empatia. A criança pode ter empatia ou desprezo por alguém diferente, dependendo dos valores aprendidos em casa. A criança, quando "empatiza", reconhece em si própria aquilo que está vendo no outro, sem preconceitos.

Sabemos que as crianças nem sempre entendem o que dizemos; mas o importante é que desde pequenos eles nos ouçam, para desenvolver-lhes lentamente o hábito da reflexão e da conduta que os modelará para toda a vida – a isso chamamos educar, e devemos estar plenamente convencidos de que educamos 90 por cento pelo que fazemos e 10 por cento pelo que dizemos.

Assim, quais estratégias e ações podemos pensar na formação de nossos filhos para ajudar a equacionar empatia com transformação social?

Respeito – a palavra respeito procede de uma palavra latina que significa "olhar ao redor" – é agir sabendo que não estou sozinho. Devemos ensinar as crianças a olharem ao redor e perceberem que não estão sozinhos. A empatia e o respeito dependem de um ambiente que promova múltiplas interações, possibilidades de diálogo e construção coletiva entre pessoas diferentes. É necessário propiciar experiências vivas na qual a empatia, a diversidade, o respeito e a corresponsabilidade sejam valorizadas como os nossos maiores bens.

E como trabalharmos o respeito dentro de nossas casas?

- Olhe, escute! – durante um passeio peça à criança que observe as janelas das casas, prédios e imaginem quem vive naquelas casas. Ajudem-nas a imaginar pessoas idosas, doentes, que precisam descansar... E reflitam com eles "Será que o motorista que buzina ou o fanfarrão que fala alto olhou as janelas e pensou a mesma coisa? Fariam o mesmo barulho se observassem melhor ao seu redor?"
- Posso? – Ao pedir licença para entrarem no quartos dos filhos, banheiros, os pais estarão demonstrando respeito à individualidade dos pequenos, que deve ser sagrada para todos.
- Assistindo TV – assistir a filmes, programas, desenhos com nossos filhos nos possibilita inúmeros comentários com intenção educativa em relação ao respeito. Os personagens, as cenas,

o tom de voz ou qualquer outra coisa nos dará a chance de elaborarmos reflexões importantes sem sermos inoportunos, às vezes uma simples interrogação os levará à reflexão, como "Puxa, esse personagem não esperou sua vez na fila e passou na frente do outro, foi bacana essa atitude, filho?"

Tolerância – podemos entender essa palavra como suportar, ter paciência ante aos erros e falhas do outro, reconhecer o pluralismo, respeitar a diversidade.

"A criança deve ser protegida contra as práticas que possam fomentar a discriminação racial, religiosa ou de qualquer outro tipo. Há de ser educada no espírito de compreensão, tolerância, amizade entre os povos, paz e fraternidade universal, e com plena consciência de que há de consagrar suas atitudes e energias a serviço de seus semelhantes." (Declaração dos direitos da criança, ONU).

Assim, ensinamos aos nossos filhos a compreender que o outro é igual a nós quando eles possuem características próprias e conseguimos vê-las como positivas, desfazendo crenças nas quais os padrões estéticos de beleza são únicos, por exemplo.

Nós, pais, devemos ser os primeiros a praticar a aceitação positiva da diversidade, os primeiros a exercitar a não discriminação.

E como trabalharmos a tolerância dentro de nossas casas?

- Do que você gosta? – cada membro da família deverá escrever três coisas que gosta de fazer e três que não gosta. Depois, todos deverão fazer o mesmo juntos. No final, abre-se para a reflexão sobre as dificuldades encontradas para chegarem a um acordo. Através dessa atividade nossos filhos poderão perceber que todos somos diferentes, gostamos de coisas diferentes e como é difícil conciliar gostos distintos, mas que com esforço e tolerância, podemos chegar a um acordo sobre algumas coisas.
- Fábulas e contos – algumas fábulas e contos propiciam bons momentos para conversarmos com nossos filhos e extrairmos todo o sumo dessas narrações. Indico aqui o conto Os sete cavaleiros das cores ou a fábula do Papagaio tagarela, de Pedro Paulo da Luz, e a dos Porcos espinhos, de Schopenhauer.

Cooperação – caminhar junto, tomar parte com outros para conseguir um objetivo comum. Através da cooperação, visamos favorecer o outro, uma vez que a pessoa coopera com os demais quando há reciprocidade. Diferente da ajuda, cooperar tem sempre uma dupla direção, eu ajudo os outros e eles me ajudam, assim todos saímos ganhando.

> "A atitude de cooperação implica admitir a individualidade de si mesmo e dos outros para, depois, podermos nos comunicar com eles, influenciar e deixar-se influenciar, ajudar e deixar-se ajudar."
> (Pujol i Pons, Esteve e González, Inês Luz. Valores para a Convivência. 1ª ed. Ciranda Cultural, 2010.)

A melhor forma de ensinarmos o valor da cooperação é cooperar. Nossos filhos pedem nossa ajuda não apenas nas palavras; seus silêncios e gestos podem ser um convite para que trabalhem juntos. Cooperando aprendemos a cooperar, e o esforço compartilhado suaviza o trabalho, tornando-o mais leve e feliz.

E como trabalharmos a cooperação dentro de nossas casas?

- Jogos cooperativos – jogos como quebra-cabeças são bons exemplos onde o trabalho em equipe é simples e divertido, ainda que se possa jogar individualmente também. Cabo de Guerra, em que a ajuda e força de todos levará o grupo ao êxito etc.
- Lista das habilidades – cada membro da família colocará no papel suas habilidades, aquilo que mais tem facilidade em executar e aquilo que mais tem dificuldade. Depois, todos juntos poderão relacionar suas dificuldades e habilidades e propor trocas cooperativas. Por exemplo, papai faz um café delicioso, mas não sabe contar histórias tão bem quanto a mamãe, ou o filho faz ótimos desenhos, mas tem dificuldade em matemática, habilidade que seu pai possui de sobra e poderá ajudá-lo nas lições...
- De onde vem? – com um objeto simples em mãos, como um lápis, por exemplo, poderemos elaborar uma lista de pessoas que tornaram possível esse lápis estar em nossas mãos. Podemos anotar em um papel com este lápis, os engenheiros que desenharam as máquinas para fabricação do lápis, as pessoas

que extraíram a madeira, os agricultores que plantaram e cuidaram das árvores que foram extraídas, o motorista do caminhão que o transportou até as lojas... Demonstrando, assim, como precisamos uns dos outros para que possamos adquirir um simples lápis para escrevermos.

Compaixão – sentir o outro, pôr nossos sentimentos em consonância com os sentimentos dos outros. Paulo de Tarso afirmava que a compaixão é "rir com os que riem e chorar com os que choram". Assim temos compaixão quando experimentamos os estados emocionais dos outros, assumimos como próprios os sentimentos e vivências dos outros.

Por isso, a empatia está tão ligada ao valor da compaixão, pois ela não se dá unicamente da compreensão racional do lugar do outro, ela implica também em uma conexão no nível emocional e pessoal. É colocar-se no lugar do outro para sentir com ele.

Ensinar nossos filhos a sentir os sentimentos alheios como se fossem próprios os ajudará a manter uma boa relação afetiva com as pessoas que os rodeiam. Para isso, é importante que as crianças conheçam suas próprias emoções e aprendam a reconhecer seus sentimentos.

Podemos ajudá-las nomeando-as e refletindo com elas porque os sentimentos apareceram. Mostrar-lhes que todos nós sentimos e é importante sabermos o que estamos sentindo para conseguirmos identificar os sentimentos no outro também. Assim, mostre para o seu filho que compreende o que ele sente, nomeie e ajude-o a refletir sobre seu sentimento. Por exemplo, eu sei que você está triste porque o amigo te machucou, a mamãe também fica triste quando alguém xinga a mamãe, sabia? Mostre que você também possui esse sentimento. Mas por que será que o amigo te machucou? Será que ele estava bravo com alguma coisa? Será que ele não estava bem hoje? Procure refletir com a criança também sobre o sentimento do outro e como poderíamos ajudá-lo, tentar enxergar o ponto de vista do outro, captar suas emoções para poder entender seus sentimentos.

E como trabalharmos a compaixão dentro de nossas casas?
- Nosso dia! – ao retornarem da escola, por exemplo, converse com seu filho e, em vez de perguntar-lhe o que fez na escola hoje, pergunte o que sentiu na escola hoje. O que te deixou

feliz? O que o aborreceu? Você sentiu raiva de alguma coisa? A prova que fez hoje lhe trouxe medo? Ah... e não se esqueça de nomear seus sentimentos do dia também!
- Voluntariado – atividades de voluntariado são bons exemplos de compaixão à dificuldade do outro, e as crianças podem nos acompanhar nessas atividades, vendo- nos e ajudando-nos a dedicarmos parte de nosso tempo para melhorar a qualidade de vida da comunidade.

> A compaixão é o fundamento e a expressão da solidariedade". (Pujol i Pons, Esteve e González, Inês Luz. Valores para a Convivência. 1ª ed. Ciranda Cultural, 2010.)

Solidariedade – esse termo tem um significado muito próximo ao de empatia, pois também está relacionado a compartilhar o sofrimento do outro, porém não se restringe apenas a sofrer junto, mas conforta, propõe ajuda.

Assim, a partir desse valor, pretendemos que nossos filhos sejam capazes de se indignar com as injustiças e desigualdades e agir para tornar nossa sociedade mais humana.

A solidariedade deve ser ensinada às crianças, sobretudo através do exemplo. Nós, pais, devemos exercitar a solidariedade com nossos filhos, vizinhos, amigos... É o exercício que mais incentiva a interiorização dos valores nas crianças.

E como trabalharmos a solidariedade dentro de nossas casas?
- Varal solidário – organize um varal em sua comunidade que poderá ser colocado do lado de fora de seu muro ou em sua rua, clube... Neste varal, as pessoas são convidadas a deixarem peças de roupas que não usam mais para que possam ser pegas por pessoas que estão necessitando. Ajude seu filho a escolher as peças que não usa mais e monte este varal com ele. Durante esse momento, faça uma reflexão sobre o quão gratificante será doar uma roupa que não usamos para aquele que não tem o que vestir.
- Alimentando a alma – combine com seu filho dias específicos, como uma vez por mês, por exemplo, para irem para a cozinha fazer algo gostoso para doarem a alguém

que não tem o que comer. Pode ser o bolo preferido dele ou aqueles biscoitinhos de Natal!

Portanto, se praticarmos empatia e, assim, compreendermos a educação de nossos filhos como processo primordial para o desenvolvimento de pessoas autônomas, éticas, responsáveis e comprometidas com a construção de uma sociedade melhor, há de se lançar um olhar mais cuidadoso em relação às relações que se estabelecem entre as pessoas, e quanto mais ricas essas relações, mais diversas, e quanto mais qualificada for a reflexão acerca dessas relações, maior será a capacidade das pessoas de compreenderem, de se relacionarem e intervirem com qualidade no mundo onde vivem.

"... Aquela parte em mim
Que sabe navegar pelos incontáveis jeitos de existir
Merece cuidado
Senão foge e nem forçosamente aparece
Merece olho nítido como água cristalina
Senão morre seca, de sede estremece
Merece atenção acordada
Senão vira nada
Merece cultivo constante
Senão não aproxima, não segue adiante..."
Incontáveis por André Gravatá

Referências
PUJOL i Pons, Esteve e González, Inês Luz. *Valores para a convivência.* 1 ed. Ciranda Cultural, 2010.
CURY, Augusto. *Pais brilhantes professores fascinantes.* 11ª ed. Rio de Janeiro: Sextante, 2003.
HERNANDEZ, Patricia Isabel Vidal, Marzola, Vivianne Furtado e Cavalcanti, Raïssa. *Manual dos valores humanos.* 1ª ed. São Paulo: Anima de Sophia Editora, 2011.

Site
Escolas transformadoras. Disponível em: <http://escolastransformadoras.com.br/wpcontent/uploads/2016/11/PUBLICACAO_EMPATIA_v6_dupla.pdf.>. Acesso em: 02 de jan. 2017.

16

Eu, você e o que estamos construindo

Meu avô já dizia: viver é fácil, o desafio é conviver! O casal, os filhos, a família, o todo e as partes. Quem somos como indivíduos? Quem estamos sendo como cônjuges? Quem somos como pais? Qual é a linha que se estabelece entre ser um bom pai, uma boa mãe sem se esquecer de quem se é? Ensinando inclusive a ser feliz por meio do próprio exemplo?
Ser pai, ser mãe, ser casal, ser indivíduo e ser realizado, trocando a culpa pela responsabilidade das próprias escolhas!

Jheruza Duailibi

Jheruza Duailibi

Jheruza Duailibi, mãe do Murillo e do João Antônio! Segundo ela, poderia faltar em seu currículo qualquer uma das experiências abaixo, mas sem dúvida, esta informação não poderia ficar de fora, já que eles certamente são seus maiores mestres e formadores. Sua formação acadêmica é em Comunicação social. Pós-graduação em Comércio exterior e marketing internacional pelo Instituto Europeu de Ensino Superior (Madri – Espanha). Formada em COACHING pelo Instituto Brasileiro de Coaching (IBC). Especializada em *Coaching* infantil - habilitada ao atendimento de crianças, famílias e professores - pela Rio Coaching. Formações extras em: *Coaching* familiar pela The Parent Coaching Academy de Londres – Inglaterra. Em Piscologia positiva pelo instituto Flow. Em Relacionamento com filhos adolescentes com a *master coach* Jacqueline Vilela. Em Comunicação não violenta com Dominic Barter.

Contatos
www.livingcoaching.com.br
www.facebook.com/Jheruzacoaching/

Será que estamos criando para nossa história e/ou nosso casamento aquilo que de fato desejamos um dia ou podemos fazer melhor?

Engraçado o casamento, as pessoas fazem suas escolhas e culpam o outro, irritam-se se uma das partes se diverte enquanto o outra não o faz, desejam ser apaixonantes sem promover a mesma nem por si mesmo, acreditam ser metades e desejam encontrar a outra parte fora de si, sem perceber que para amar precisamos ser completos. A caminhada pode e deve ser em dupla, mas o passo é seu, seus olhos podem ver o mesmo cenário, mas seu ponto de vista jamais estará sobre a face do outro, partilham as refeições, mas o sabor é exclusividade de quem prova.

Temos ânsia de transformação alheia, ainda que nossos discursos seja o tradicional "Ninguém muda ninguém", nossos atos estão constantemente nos mostrando o contrário. Passamos muito mais tempo empenhados em interferir no comportamento do parceiro, do que em analisar o nosso próprio e fazer escolhas.

Estranhamente no início da relação não era assim, a admiração ladeava o amor. Com o tempo, a rotina, os filhos, as obrigações, acabamos nos esquecendo de oferecer o nosso melhor, como algo que já nos pertence e que não exige mais empenho, nos sentimos quase concursados!

No dia a dia nos esquecemos de valorizar o que antes nos chamava atenção na outra pessoa, nosso foco está nos erros, nos defeitos, nas críticas, no que não deu certo, no que não foi feito, no que está em atraso, na pequenez! E por quê?

Por que esta dureza com a relação, conosco e com o outro?! Saímos com os amigos, encontramos com pessoas e fora tudo parece mais leve. Por que é que com a pessoa que escolhemos partilhar a vida, em tantos momentos, nossa mão pesa, nossa rigidez impera e a criticidade domina?

Jheruza Duailibi

Você faz isso na sua vida? Quem era o homem/mulher por quem você se apaixonou? O que existia nesta pessoa que você mais amava? Como foi a história de vocês? Relembre! Vocês se divertiam juntos? O que costumavam fazer, o que gostavam de comer, onde gostavam de ir? E você quem era? O que desta pessoa que você foi já não existe mais? O que você gostaria de recuperar? O que você sente saudade em si mesmo(a)? O que o outro mais amava em você? Se amanhã você perder esta pessoa, o que gostaria de ter feito hoje? O que te impede de fazê-lo? O que te dá garantias de que isso não irá acontecer?

Raramente trazemos essas questões para nossa vida! Somos sugados e nos permitimos sugar pelo repetir dos dias. O que não percebemos é que desde o momento em que saímos da cama pela manhã, iniciamos nossas escolhas. Escolhemos o que vestir, o que comer, se comer, a música que ouviremos no carro, se iremos de carro, para onde iremos, e assim seguem nossas semanas e meses. Quando nos damos conta, nossa vida está sendo construída no atropelado das horas e é na soma destas escolhas que nos definimos felizes ou não.

Quem são aqueles que fazem parte das suas escolhas? Você vem escolhendo ser responsável por sua felicidade? Você costuma culpar os outros por suas eventuais frustrações? Você cuida verdadeiramente das suas relações?

Estamos em processo, somos seres em construção (graças a Deus), como um bloco de argila que é moldado e se modifica. Sua composição será sempre aquele mesmo barro, mas sua forma é outra. O mesmo acontece conosco, nossas decisões, nossas experiências, nossos caminhos e sofrimentos nos moldam.

Um dia elegemos aquele(a) com quem desejávamos fazer o trajeto da vida, dissemos sim, a aceitamos. Mas já não somos os mesmos! Para que se permaneça olhando na mesma direção é preciso vigilância, zelo, atenção. É preciso dizer sim e aceitar todos os dias aquela nova pessoa, porque você também é nova! Isso não é um pesar e um lamento, e sim esforço e um desejo diário de conhecer quem está ao seu lado hoje, sem se esquecer de se fazer naturalmente encantador. Com o passar do tempo, não somos mais quem éramos, nem quando comparados a nós mesmos em dois momentos diferentes da vida. Como exigir isso do outro ou desejar que a relação permaneça a mesma de anos atrás? Transformar a relação não é necessariamente bom ou ruim, apenas diferente. Há de se cutucar diariamente a brasa.

Assim como tomar posse da responsabilidade sobre a própria vida e felicidade, há de se desprender da ideia de controlar e moldar o outro. Somos seres de unidade que podemos estar juntos na diversidade, mas nunca seremos um só. Se na caminhada um deseja se empenhar e o outro não, valerão os esforços, mas não garantirão o sucesso. Diante da frustração de se fazer tudo, culpamos a parte que julgamos não ter feito, mas aí ficam as questões: será que o outro deseja tanto quanto você? Você controla seus atos e escolhas, mas quem controla o da outra parte? Lutar por uma relação é uma escolha? Se escolhas são pessoais, qual é a culpa do outro sobre as suas?

Podemos lamentar as escolhas da outra pessoa, podemos, sim, sofrer por elas, podemos nos frustrar quando algo não vai bem, desejamos inúmeras vezes invadir a alma alheia para conduzir, mostrar, desviar, fazer entender... Ideias infantis de contos de fada e passes de mágica, isso não irá acontecer!

O afeto constante, a paciência, a empatia, o olhar generoso, as pequenas atitudes de amor e cuidado, estes sim farão a diferença.

Eu, você, eles. E agora?

Éramos dois e hoje somos três, quatro, cinco... A família cresce e as relações se modificam.

Muitas vezes, o momento tão esperado pelo casal trás consigo o abalo das estruturas. A chegada de um bebê! O marido agora é pai, e a mulher se torna a mãe, muda-se a rotina da casa, do casal, as prioridades e interesses. Assunto tão falado e amplamente discutido nos canais de televisão, revistas especializadas, internet. Por que é, então, que até agora ele se repete nas famílias? Simples, porque falar é absolutamente diferente de viver! Somente no momento em que uma mulher prova da maternidade é que ela saberá a ebulição hormonal que acontecerá em seu corpo, seu instinto animal de cuidar e proteger a cria (muitas vezes até do próprio macho). O pai, por sua vez, sente em seus ombros o peso pré-histórico de ser o provedor, "pisa em ovos" ao lidar com a fêmea que vira uma fera e alterna emoções em momentos de choro, superproteção, cansaço e insegurança! Momento tão difícil quanto delicioso e encantador, pena que usufruir dele na integralidade necessite de tanta serenidade e paciência!

Calma, tão batido dizer, mas vai passar e você sentirá saudade. Por isso aproveite! As mulheres no geral passarão por um momento de desejo de exclusividade com seu bebê, e o homem que ama esta mulher precisa compreender que neste momento ela não estará com os olhos voltados para ele. Por sua vez, a mulher há de ver que este homem que ela ama, ainda que por muitas vezes desajeitado, carente, meio que sem saber o que fazer, também está experimentando uma realidade nova.

De fato, agora se formou uma família, curta com ternura os momentinhos preciosos sem se esquecer do papel que possuem na vida e na existência deste serzinho. A importância do papel paterno é uma, e a importância do papel materno é outra, sendo que ambas são insubstituíveis e intransferíveis. Caso um dos dois venha a não estar presente por algum motivo, o outro poderá fazer a sua parte com excelência, mas não tomará pose de um lugar que não lhe cabe. Caso essa seja a história de vida que seu filho tem, de nada adiantará que você não goste dela. A vida se apresenta como é e não como gostaríamos que fosse. Seu filho poderá ter vivências maravilhosas, referências de afeto, você poderá fazer seu melhor papel. Não desfrutar da presença de um pai ou de uma mãe é, sim, muito lamentável, mas de forma alguma é uma sentença de infelicidade.

A vida se transforma o tempo todo, o início da vida a dois também foi uma adaptação; agora, com a chegada do primeiro filho, e logo com a chegada do segundo, os desafios da retirada das fraldas, chupetas e papinhas. Os primeiros anos na escola, quando caem os dentinhos, as conquistas da alfabetização, as birras, as doenças infantis e as vacinas. As crises conjugais, as noites sem dormir, os quilos a mais, o passagem do tempo, a ação da gravidade, a falta de dinheiro, os desentendimentos com a família dela ou dele, a falta do romance, o excesso de trabalho ou a falta dele, a culpa...

Sinta-se absolutamente normal. Sinta-se absolutamente feliz! A vida segue, e essa sequência de fatos nos mostra que está tudo bem e que estamos vivos. A diferença se dá no nosso olhar para todas essas coisas, no peso que atribuímos a elas, na necessidade de sermos perfeitos, na cobrança para que o outro faça como você gostaria que ele fizesse e não como ele sabe fazer.

A leveza que trazemos para a nossas vidas beneficia a nós mesmos. Os filhos não morrem por que andam descalço, porque o marido se esqueceu de trocar a fralda quando você pediu, eles sobrevivem se eventualmente colocarem na boca a chupeta que caiu no chão, você pode e deve sair para jantar e curtir seu marido ou esposa se as crianças tiverem com quem ficar, você precisa manter suas amizades e sua individualidade, você não precisa ser tão crítico(a) com o seu corpo e com você mesmo(a). Seus filhos sobreviverão a todas estas coisas, mas se você se permitir ser consumida por cada uma delas e tantas outras pequenas coisas do dia a dia, pode ser que a sua felicidade ou o seu casamento não sobrevivam.

    Não abandone seu casamento à sorte, os filhos crescerão, o que desejamos é que sigam seu caminho. Não abandone a si mesmo(a), não abandone seus sonhos e quem você é. Não abandone a pessoa que você escolheu para estar ao seu lado, tantas vezes abandonamos uma relação muito antes que ela chegue ao fim.

    Relações não são fáceis, mas através delas crescemos, nos divertimos, amamos e podemos ser felizes. Relações também não precisam ser tão difíceis assim, se entendermos que podemos simplificar.

Eu, eu e eu mesmo(a)

    Metades de laranjas não produzem sementes, não prosperam, não renovam a vida. Você vem sendo metade?

    Erroneamente nos ensinaram que deveríamos encontrar em um mundo tão vasto uma alma que se encaixasse a nossa e a completasse como um quebra-cabeça. Ideia bonita na composição de músicas e na idealização poética de romances.

    Um amor pleno acontece para seres inteiros, que sentem vontade e possuem um propósito incontrolável de seguirem juntos, porque olham na mesma direção, porque há troca, porque são múltiplos e cúmplices ao mesmo tempo, não acontecem por que são metades. Se me proponho a possuir algo que está no outro e não em mim, de alguma forma caminho para a frustração.

    O mesmo acontece quando acreditamos possuir os filhos, nossos pequenos vem ao mundo através de nós, mas não são nossos. São seres únicos, próprios, dotados de vida, vontades, livre-arbítrio. Foi-nos concedida a responsabilidade de lhes dar asas e ensinar a voar.

    Como poderia eu, que possuo um corpo, crer que com o casamento, ou com o nascimento dos filhos, me torno dono de dois ou três?

    Possuímos o dom de amar o outro na integralidade de si mesmo. O amor não é um recurso limitado, com foco específico, com apenas três ou quatro destinos. Amar assim sufoca e escraviza; quando eu só me compreendo como pessoa a partir da existência e permanência do outro na minha vida, eu me limito e me condeno a ser metade, a estar sempre faltando. Culpo os filhos que se vão, culpo o outro pela minha incapacidade de entender que sou responsável por minha felicidade.

Você é capaz de ler o texto abaixo e sentir que ele reflete a sua verdade?

Me percebo completo(a) e integral, me respeito, me amo, identifico minhas potencialidades e debilidades, me aceito, me aprimoro. Me faço pronto(a) para amar o outro, para oferecer a minha completude com generosidade. Construo uma família livre, ofereço aos meus filhos raízes e um solo fértil, observo o crescimento de seus galhos e o florescer em sua copa. Sou propriedade e possuo apenas a mim mesmo(a), não sou solitário por isso, por que sou completo com isso. O banquete da minha alma possui muitos convidados, porque posso amar e ser amado sem limites.

Transbordar-se de si mesmo não é sinal de egoísmo e sim de maturidade. Egoísta é aquele que se sente detentor da alma alheia para sua satisfação. Quando sei quem eu sou, tenho a dimensão do que posso partilhar.

Eu, você, eles e o fim.

E se o fim chegar? Pensamos que seria para sempre. Desejamos imensamente que isso acontecesse. O sentimento é de frustração, derrota, fracasso, impotência, profunda tristeza, medo.

O que fazer agora? Por onde recomeçar? Como falar com as crianças? Como gerencio a minha dor diante delas? Como gerencio a dor delas? Será que algum dia serei feliz outra vez?

Parece muito duro! E é!!! Mas a notícia boa é que passa! Você não está sozinho(a). Milhares de casais passam por isso todos os dias. Filhos de pais separados podem ser muito equilibrados, podem sim superar a dor e se tornarem resilientes, maduros, felizes, companheiros de seus pais...

Talvez esta seja a primeira lição que aprenderá ao perceber que o que seus filhos tiverem que passar, passarão. Não importa o quanto isso te doa, e o quanto não gostaria que fosse assim, não importa por que esta é a história de vida deles. Gostaríamos de reservar o melhor dos mundos para os nossos pequenos, mas a vida não é assim. Através das experiências vivenciadas, irão se fortalecer. Assim como o condicionamento do corpo, também existe o condicionamento emocional. Filhos fortalecidos através do amor de seus pais superam as dificuldades com mais tranquilidade. Não estou dizendo para expor as crianças a situações penosas a fim de que se desenvolvam emocionalmente, somente digo para que em casos inevitáveis, ofereça seu colo, seu afeto e sua verdade. Redomas de vidro não funcionam!

Quem de nós não desejou que fosse eterno? Definitivamente não era o que sonhávamos para nós e para nossas crianças. Mas se é isso o que temos para hoje, lamentar-se, negar a situação, adiar sofrimentos, não irá ajudar. Passamos por uma fase absolutamente natural do "luto" de uma história, mas ele precisa passar. Encerra-se um ciclo e outro novinho está vindo por aí, quem dá o *start* é você!

Há muito por ser feito por si mesmo, há filhos para serem cuidados, há uma nova caminhada pela frente. Coragem!!!

Eu, e a necessidade do perdão.

Perdoar-se para seguir! Conceder o perdão ao outro é libertar-se de uma pena atribuída a si mesmo. Seria simples se não fosse tão complexo.

O filósofo Sócrates era filho de uma parteira e dizia que, embora sua mãe fosse excelente profissional, não poderia fazer dar à luz uma mulher que não estivesse grávida. Acredito que precisamos, antes de tudo, "engravidar" do perdão!

Perdoar é um movimento de dentro para fora, com potencial para vingar ou minguar. O perdão é gestado, carente de ser nutrido, cuidado, compreendido, acarinhado, ele é crescente se assim o fizermos.

Será comum encontrar quem te diga: "Perdoe!" "Esqueça!" E sua pergunta será: Sim, mas como? E então eu te pergunto: Será que você realmente está gestando e nutrindo este perdão dentro de si, ou está desejando dar à luz sem estar grávida(o)?

Gerar verdadeiramente o perdão é compreender e sentir com generosidade que:

– Provavelmente foi feito o que se podia fazer naquele momento,
– cada um dá o que tem,
– somos falíveis,
– magoamos sim quem amamos,

- erramos muito, mesmo que sem querer,
- a vida não é como gostaríamos, mas como ela se apresenta,
- sonhos são desfeitos e então construímos outros,
- ser vítima é uma escolha,
- nos fortalecemos no sofrimento,
- pessoas boas também podem trair,
- não desqualifique o todo por uma parte que... Enfim! Descobrir de dentro para fora!

O que funciona para você? Quais as frases, conceitos, crenças que tocam a sua alma de um modo verdadeiro? O que faz sentido para sua história? Quais são os métodos que nutrem em você o perdão? O que te transforma em alguém melhor?

O recomeço autêntico depende disso. São tantos os pesos que vamos colocando em nossas bagagens ao longo do caminho, que em determinados pontos fica difícil caminhar. O perdão é refazer a mala, é decidir o que levar consigo e o que deixar para trás. Decidir o que será útil, o que ajudará na caminhada e o que limitará o passo.

Não me refiro somente a traições, mágoas, abandonos e a tudo aquilo que acreditamos que os outros tenham causado a nós; refiro-me a perdoar nossas próprias histórias, perdoar o que acreditamos terem sido nossos fracassos, as dores que causamos, os sonhos que não completamos, os eventuais erros que cometemos, as palavras que não dissemos ou as que dissemos além da conta.

A beleza que existe neste processo é a chance do fazer melhor, perdoar não significa desejar para si a repetição de algo que não foi bom, mas o desprendimento resiliente de não lutar contra algo que é imutável, por fazer parte de um tempo que se foi, perdoar é seguir sem amarras.

Que em nossa bagagem sigam somente as memórias que nos acrescentam, nossas lembranças, nossa maturidade, o frescor, o brilho no olhar, a vontade de viver, a calma de quem sabe que tudo passa, a vivacidade, a coragem de lutar, a alegria, a empatia, a capacidade de perdoar. À beira do caminho, deixamos um tempo de rancor, mágoa, lamentos, desesperança, vitimização, raiva, culpa... É tempo de escolha, é tempo de responsabilidade. O que você escolhe carregar em sua bagagem?

Eu, você, eles e a mais dolorosa das conversas.

Como contar para as crianças sobre a separação? O sentimento é de estar promovendo sofrimento aos filhos.

Calma e coragem! Ninguém faz isso por que desejá, o que não quer dizer que não precise ser feito!

Todos nós já passamos por perdas de pessoas amadas. Assim como nas situações de morte, precisamos nos virar do avesso e chorar todo nosso choro, precisamos também ser racionais nas providências práticas. Existem burocracias que alguém precisa tomar à frente. Separações não deixam de ser um pouco assim também, com a diferença de que somente duas pessoas podem fazer isso, o ex-casal. Conversar com os filhos é uma dessas situações, então se eu puder colaborar com um pouco de praticidade, aí vai:

1. Se possível conversem todos de uma só vez, unidos pais e filhos.
2. Sejam verdadeiros, mas sem entrar em detalhes desnecessários (traição, mágoas, violência...).
3. Lembrem-se de que os adultos são vocês, por isso tenha certeza de estarem equilibrados para esta conversa. Se não se sentirem prontos é até melhor que não falem neste momento.
4. Compreendo sua dor, mas nesta situação priorize os sentimentos de seus filhos, seja maduro, calmo para controlar com afeto possíveis rompantes, crises de choro, acusações...
5. Definitivamente não é hora de medir força com o(a) ex. Vocês estão unidos em prol dos filhos.
6. Seja claro ao dizer para as crianças que serão sempre seus pais, que os amam muito e que eles não têm culpa.
7. Permita que falem, que exponham e manifestem seus sentimentos e dúvidas. Acolha, responda com verdade e afeto.
8. Não se preocupe em demonstrar ser um super-herói, não precisa disso. Diga o que está sentindo, fale sobre estar com medo e sobre como se sente. Falar dos seus sentimentos ensina e liberta as crianças a também falarem sobre o que sentem, podendo até mesmo sofrer sem culpa.

O importante não é negar o que se sente, mas verbalizar claramente que, embora seja uma fase difícil, estarão juntos para superar e poderão contar uns com os outros.

9. Não subestime a compreensão dos seus filhos, eles entendem tudo o que lhes for devidamente explicado.
10. Respire fundo e faça o que precisa ser feito.

De repente, um buraco!

Crianças compreendem melhor as situações quando lhes são apresentadas de forma lúdica e que faça associação com a sua realidade. Por isso, as historinhas funcionam bem. A fábula abaixo pode ser uma forma de dar início a está conversa tão difícil.

Era uma vez, uma floresta muito bonita. Havia árvores, flores, muita sombra, mas em alguns pontos também havia espinhos e pedras, mas eles não atrapalhavam a beleza do lugar!

Nessa floresta viviam três famílias.

A família dos macacos, das formigas e da coruja.

Os macacos eram sempre muito agitados, não estavam muito atentos aos perigos da floresta. Viviam brincando e não se preocupavam muito com as consequências do que faziam.

Já as formigas, sempre trabalhando, não se descuidavam. Estavam acostumadas a construir túneis, desbravar novos caminhos e descobrir possibilidades. Eram corajosas e cuidadosas.

A família da dona coruja era muito persistente. Com seus grandes olhos, via longe! Mas sua principal virtude era mesmo enxergar com os olhos do coração.

Certo dia, após uma noite de raios, trovoadas e uma chuva muito forte, o céu não amanheceu azul como de costume, a manhã estava cinza!

Na estrada principal que cortava a floresta, para surpresa de todos, apareceu um gigantesco buraco, que de tão grande impossibilitava a passagem de qualquer animal.

A primeira família a se aproximar foi a dos macacos. Papai e mamãe gritavam sem parar, correndo e saltando pelas margens, olhavam para baixo se arriscavam nos galhos! Os filhos, também agitados, não entendiam bem o que estava acontecendo, pois ninguém explicou a eles!

De repente, meio sem querer, um escorregão e pluft!!! Mamãe e papai macacos caíram, o pior é que junto com eles caíram também seus filhotinhos. O mais curioso foi perceber que dentro daquele buraco já moravam três criaturinhas. Eram eles o desamor, o desrespeito e o desnecessário. Foi aí que a família percebeu que cada vez que tentavam sair daquele buraco, uma das criaturinhas os puxava para baixo! Viram que o melhor seria se tivessem agido com mais cuidado, desviado do buraco! Certamente mudar o caminho, por mais assustador e novo que pudesse parecer, teria sido uma escolha melhor! Agora eram obrigados a conviver com as criaturinhas e sair daquela situação se tornou bem mais complicado.

Chegaram então as formigas. Só de olhar elas podiam perceber que se aquele buraco se abriu tão rapidamente era porque aquele solo já estava frágil por baixo.

Com muita calma e cautela, mamãe e papai conversaram sobre o que viam e delicadamente falaram com seus pequenos:

"Olhem, crianças, teremos que continuar nosso caminho. Cair nesse buraco seria um erro! O solo está frágil demais para cavarmos um túnel para todos nós, o plano então será cavarmos dois túneis menores e paralelos. Com coragem, continuaremos lado a lado, mas em caminhos diferentes!"

As crianças disseram que estavam com medo, e a mamãe docemente disse:

"Nós também, queridos! O medo faz parte de todos nós e é muito natural. Ser corajoso não significa não ter medo, significa enfrentá-lo! Somos uma família e um pode apoiar o outro!"

As crianças choraram, mas sabiam que do outro lado, a estrada iria continuar. Seria diferente, porém mais seguro do que permanecer em um solo que poderia desabar a qualquer momento.

Então foram valentes e decidiram seguir! No início, foi difícil, mas depois a floresta parecia ainda mais bonita, o sol voltou a brilhar e agora a família podia caminhar tranquila por dois caminhos igualmente novos e floridos.

Por fim, chegou a vez da família da dona coruja. Protetora, rapidamente acolheu suas corujinhas sob as asas. Papai foi na frente analisar a situação, ele também estava muito assustado! Voltou, e com sabedoria aquela família conversou, com verdade e afeto. Pensaram em todas as possibilidades. Como seria possível resolver aquele problema tão grande? As crianças queriam fazer alguma coisa, mas logo perceberam que aquela seria uma decisão de adultos. Que aquele buraco nada tinha a ver com elas e que o melhor a fazer seria esperar e respeitar a escolha dos pais.

Papai e mamãe tomaram uma decisão arriscada e que poderia não dar certo, mas eles seguiram seus corações. Diferente das outras famílias, eles resolveram tampar aquele buraco. Sabiam que demoraria bastante tempo, papai coruja muitas vezes teve que se afastar em busca de material para fazer o serviço. Mamãe coruja se sentia só com seus filhotes, mas sabia que naquele momento "ESTAVAM EM OBRA". Os dias foram passando, as semanas e os meses... O trabalho não foi fácil, houve dias de chuva e dias de sol. Era um momento de dificuldade para a família.

Finalmente o imenso buraco foi tampado, e as obras acabaram! Para a família da coruja aquela decisão funcionou. Para outras famílias, não! E simplesmente é assim que é! A família coruja sabe que naquele pedaço do caminho haverá sempre um remendo na estrada, mas ainda assim resolveu seguir!

Hoje, aquela floresta sabe bem que a família de macacos seguiu adiante sem medir as consequências e acabou causando muita dor a todos. As famílias da dona coruja e das formigas tomaram decisões diferentes e que felizmente funcionaram!

Os buracos aparecem e sempre aparecerão, independentemente de culpa! As pedras e os espinhos também, mas as flores não deixam de existir por isso! A diferença está nas atitudes que tomamos diante das dificuldades.

O que importa realmente é escolher qual o caminho para ser feliz, seja ele qual for! A família não deixará de existir, haverá sempre um pai e uma mãe que amam loucamente seus filhotes. Não há culpados, e por mais que no primeiro momento esse sentimento apareça no coraçãozinho de alguns, logo ele irá embora por não ser real!

Jheruza Duailibi

Todos nós e William Shakespeare

Lendo este texto, não há como não se encantar com a maturidade, como não agradecer os nossos tropeços, e se orgulhar de nossas cicatrizes. Ser forte não te torna necessariamente duro, é possível ser doce, leve, sábio, sem ser frágil.

Um dia você aprende – William Shakespeare

Depois de um tempo você aprende a diferença, a sutil diferença entre dar a mão e acorrentar uma alma.

E você aprende que amar não significa apoiar-se, que companhia nem sempre significa segurança, e começa a aprender que beijos não são contratos, e que presentes não são promessas.

Começa a aceitar suas derrotas com a cabeça erguida e olhos adiante, com a graça de um adulto e não com a tristeza de uma criança; aprende a construir todas as suas estradas no hoje, porque o terreno do amanhã é incerto demais para os planos, e o futuro tem o costume de cair em meio ao vão.

Depois de um tempo você aprende que o sol queima se ficar exposto por muito tempo, e aprende que não importa o quanto você se importe, algumas pessoas simplesmente não se importam... Aceita que não importa quão boa seja uma pessoa, ela vai feri-lo de vez em quando e você precisa perdoá-la por isso.

Aprende que as pessoas que mais te amam são justamente aquelas pessoas que recebem o seu desprezo.

E descobre que existem pessoas tão fúteis que são capazes de trocar uma vida inteira de amor e carinho por um curto período de prazeres e farras.

Aprende como a vida é engraçada e como sonhos são tão facilmente destruídos.

E, em algum momento, pensamos no amor... e isso se torna engraçado... é engraçado... às vezes, a gente sente, fica pensando que está sendo amado, e está amando, e pensa que encontrou tudo aquilo que a vida podia oferecer, e em cima disso a gente constrói nossos sonhos, nossos castelos, e cria um mundo de ilusão onde tudo é belo... até que a pessoa que a gente ama vacila, e põe tudo a perder, e põe tudo a perder...

Aprendemos que falar pode aliviar dores emocionais, e descobre que se leva anos para construir confiança, e apenas segundos para destruí-la, e que você poderá fazer coisas em um instante, das quais se arrependerá pelo resto da vida.

Aprende que verdadeiras amizades continuam a crescer, mesmo a longas distâncias, e o que importa não é o que você tem na vida, mas quem você tem na vida, e que bons amigos são a família que Deus nos permitiu escolher.

Aprende que não temos que mudar de amigos se compreendermos que eles mudam, percebe que você e seus amigos podem fazer qualquer coisa, ou nada, e terem bons momentos juntos.

Descobre que as pessoas com quem você mais se importa na vida são tomadas de você muito depressa, por isso sempre devemos deixar as pessoas que amamos com palavras amorosas, pode ser a última vez que a vejamos.

Aprende que as circunstâncias e os ambientes têm influência sobre nós, mas somos responsáveis por nós mesmos.

Começa a aprender que não se deve comparar-se com os outros, mas com o melhor que pode ser.

Descobre que se leva muito tempo para se tornar a pessoa que quer ser, e que o tempo é curto.

Aprende que ou você controla seus atos ou eles te controlarão, e que ser flexível não significa ser fraco ou não ter personalidade, pois não importa quão delicada e frágil seja uma situação, sempre existem dois lados.

Aprende que heróis são pessoas que fizeram o que era necessário fazer, enfrentando as consequências.

Aprende que a paciência requer muita prática.

Descobre que algumas vezes a pessoa de quem você espera o chute quando cai é uma das poucas que o ajudam a levantar-se.

Aprende que maturidade tem mais a ver com os tipos de experiências que se teve e o que você aprendeu com elas do que quantos aniversários você celebrou.

Aprende que há mais de seus pais em você do que você supunha.

Aprende que nunca se deve dizer a uma criança que sonhos são bobagens, poucas coisas são tão humilhantes... e seria uma tragédia se ela acreditasse nisso.

Aprende que quando se está com raiva se tem o direito de estar com raiva, mas isso não te dá o direito de ser cruel.

Descobre que só porque alguém não te ama do jeito que você quer que ame não significa que esse alguém não te ame com tudo o que pode, pois existem pessoas que nos amam, mas simplesmente não sabem como demonstrar.

Aprende que nem sempre é suficiente ser perdoado por alguém, algumas vezes você tem que perdoar a si mesmo.

Aprende que com a mesma severidade com que você julga, você será em algum momento condenado.

Aprende que não importa em quantos pedaços seu coração foi partido, o mundo não para para que você o conserte.

Aprende que o tempo não volta para trás, portanto plante seu jardim e decore sua alma em vez de esperar que alguém lhe traga flores, e você aprende que realmente pode suportar; que a vida tem valor e que você tem valor diante da vida!

Eu, você, eles e um caminho para ser feliz...

Este capítulo é por sua conta, sinta-se livre e à vontade para escrever sua própria história, sinta-se dono de suas linhas e entrelinhas, sinta-se responsável pela escolha das palavras, das pausas, dos pontos de exclamação indicando alegria e contentamento. Sinta-se dono do ponto final e do início de um novo parágrafo!

Boa sorte!

Referências
Material com base autobiográfica e em histórico de casos atendidos.

17

Qualidade de vida para pais e filhos

Neste capítulo, vamos falar de qualidade de vida em família. A busca do equilíbrio junto de quem mais amamos. Nele abordaremos os vários aspectos relacionados à qualidade de vida e sugerimos uma ferramenta de autoavaliação para você, leitor, usar

Luciane Cadan de Oliveira Peretti

Luciane Cadan de Oliveira Peretti

Certificada e Credenciada pelo IBC – Instituto Brasileiro de Coaching, com as seguintes titulações: *Professional and self coach, coaching* ericksoniano, analista comportamental, coaching assessment. Profissão coach com certificação pela Florida Christian University e certificação internacional de *Coaching* para pais pela The Parent Coaching Academy, no Reino Unido. Graduada em Educação física pela Universidade Estadual de Londrina, no Paraná. Pós-graduada em Ergonomia pela UGF, em São Paulo. Desde a sua formação em Educação física, atuou na área de saúde e qualidade de vida, e hoje atua como *coach* de realização pessoal e profissional e qualidade de vida, com atendimento presencial e online, pela empresa MotivAção Coaching.

Contatos
www.motivacaocoaching.com.br
lucianecadancoach@gmail.com
(11) 98408-0144

Qualidade de vida vai além de ter boa saúde física e mental; é na verdade se sentir bem consigo, com a vida, com as pessoas queridas e conseguir se sentir em harmonia e equilíbrio.

E quando falamos em qualidade de vida, vêm logo em nossa mente a dieta, exercício físico e lazer, porém, como afirmei acima, vai muito além.

Segue alguns fatores que interferem e fazem parte da nossa qualidade de vida, são eles:
- Saúde física, emocional, espiritual, social e financeira.
- Lazer
- Trabalho/educação.
- Relacionamentos (família/amigos).
- Ambiente etc.

E esse tal "equilíbrio" nem sempre é fácil.

Agora vou te contar um segredo...

Ah, se eu não tivesse sido tão teimosa, talvez não tivesse perdido tanto tempo para equilibrar minha qualidade de vida. Sabemos o que precisamos fazer, mas nem sempre o fazemos.

Por que te digo isso? Porque eu tive que perder algumas coisas em nível de saúde e qualidade de vida para aprender. Mesmo sendo profissional da área da saúde e cuidando da saúde de tanta gente por tanto tempo, negligenciei a minha própria saúde física e emocional, pois achei que não ia acontecer nada comigo.

Bom, vamos voltar um pouquinho no tempo. Sou diabética há trinta anos, desde os dez anos de idade. Tive uma infância e adolescência difíceis, pois naquela época não existiam tantas opções como hoje, para alimentação e medicamentos, porém sempre fui muito controladinha (até chata).

Bem, meu sonho era ser mãe, mas tinha muito medo de não poder por ter filhos, relacionando a qualquer problema que o diabetes pudesse causar. Casei-me, e quando decidimos que iríamos ter nosso primeiro filho, fui a uma médica que eu não conhecia, pois havia me mudado de cidade, estado, etc... Meu marido é de São Paulo e eu, do interior do Paraná, e ela me disse que seria um alto risco, uma diabética com tanto tempo de doença engravidar, seria risco para mãe e filho.

Nossa, aquilo acabou comigo. E então resolvemos ir a outro, e outro. E assim passamos por três médicos que diziam a mesma coisa, desencorajando-me a realizar o meu sonho.

E um dia por obra do destino e do Universo, conheci o médico que abraçou a causa comigo e fomos em frente, e hoje tenho dois filhos, um de dez anos e o outro de seis, lindos e saudáveis.

Agora você me pergunta: o que tudo isso tem a ver com qualidade de vida na família?

Até outro dia, eu era funcionária pública, e meu trabalho era viajar pelo Estado de São Paulo todo, dirigindo e visitando estabelecimentos comerciais, sem posto de trabalho. Trabalhava na rua, com horário para começar o expediente, porém sem horário para encerrar muitas vezes. Diante de toda essa dinâmica, aquela pessoa que era totalmente "controladinha" passou a não ter uma dieta adequada, a não praticar atividade física frequentemente e o pior, passou a não ter o convívio com a família, marido e filhos. Lembra que o meu sonho era ser mãe? Então, acho que essa foi a pior parte.

Chegava em casa cansada, meus filhos ficavam doze horas na escola, meu marido no trabalho e, aos finais de semana, eu já não ouvia mais meus filhos me chamarem para nada. Eu parecia a mulher invisível.

Com todos os acontecimentos, aquele trabalho e aquela vida já não faziam mais sentido para mim, pois já havia perdido, parcialmente, alguns movimentos de mãos e braços. Dores fortíssimas e dormências terríveis. Cheguei a quebrar cinco copos em um único dia, por não ter força para segurá-los. Então, resolvi que não queria mais aquela vida, não vivia mais a minha essência e nem o meu propósito de vida, apesar de gostar do que fazia.

Eu só queria poder pegar meu filho no colo novamente e fazer o que eu sempre fiz, pois nem isso eu conseguia mais.

E a decisão foi tomada. Exonerei-me do cargo e fui viver minha Missão de Vida, ser mãe e *coach*, contribuir para um mundo melhor, ajudar quem quer ser ajudado e aprender mais e mais dia após dia.

Bem, agora que você já sabe um pouco da minha história, vamos para a parte que interessa, Qualidade de Vida em Família.

Todos nós podemos ter dificuldades em lidar com nossos próprios filhos, inclusive doutores e mestres em psicoterapia, pois somos seres únicos e cada um com sua inteligência, sua essência, sua mente e genialidade.

Augusto Cury, em seu livro Pais inteligentes formam SUCESSORES e não herdeiros, diz que parece um paradoxo, pois nós, profissionais da área da saúde mental, somos especialistas em tratar dos outros; mas, se não aprendemos a manipular ferramentas educacionais, as pessoas que mais amamos adoecem diante dos nossos olhos. Se erros no processo educacional ocorrem com eficientes profissionais de psiquiatria, psicologia, educação, sociologia, imagine como podem cometê-los as pessoas que não tiveram a oportunidade de estudar a mente humana.

Nós, pais e mães, nos cobramos o tempo todo, e quando não, nos comparamos a modelos que achamos ser o correto. Quando parei de me comparar a outras mães e de me cobrar tanto, as coisas começaram a fluir em minha casa e em minha família. O relacionamento familiar, a qualidade de vida mudou muito e te garanto, para melhor. E hoje posso dizer que temos o equilíbrio, para sermos pais, profissionais, filhos, irmãos, família, amigos e humanos.

Claro, erramos também, mas sempre encontramos uma forma de melhorar.

Diante disso, vamos para a avaliação da sua Qualidade de Vida e Equilíbrio. Utilizando a ferramenta abaixo, vamos verificar onde estão seus pontos fortes e os pontos de melhoria para que você consiga conectar sua qualidade de vida aos seus valores, pois sem congruência, tudo pode ir por água abaixo.

Hábitos Saudáveis elevam a Qualidade de Vida em Família

Como você conversa sobre qualidade de vida com sua família?

Abordarei alguns aspectos da Qualidade de Vida Pessoal em família; analise cada um e faça uma autoavaliação.

Dê uma nota de 1 a 10 para cada aspecto abordado.

Onde está o aspecto "Outro", anote o aspecto que faz sentido para você e sua família, relacionado à qualidade de vida e ao bem-estar familiar.

Perceba cada um deles e veja o que é mais importante nesse momento, o que você pode considerar um problema.

E assim, faça as perguntas a si mesmo:
– O que está faltando nessa área?

– O que gostaria de mudar?
– O que está te impedindo?
– Qual o seu objetivo nesta área?

Se houver mais áreas, faça o mesmo exercício em todas. Veja as possibilidades de mudança e todos os benefícios que elas trarão para a sua qualidade de vida e da sua família.

(Se fizer sentido para você, entre em contato comigo e receba a ferramenta por e-mail para que eu o ajude com a análise).

Qualidade Vida Familiar

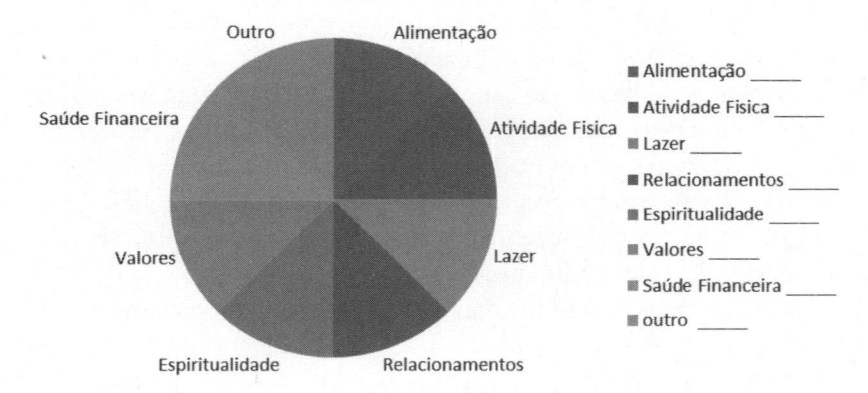

- Alimentação _____
- Atividade Física _____
- Lazer _____
- Relacionamentos _____
- Espiritualidade _____
- Valores _____
- Saúde Financeira _____
- outro _____

Alimentação

Como está a sua alimentação e a da sua família? Uma alimentação saudável dá energia para os momentos duros e para os melhores momentos também.

Vocês costumam fazer refeições em família? Muitos de nós temos horários complicadíssimos, e nem sempre conseguimos fazer as refeições em família. Se esse é o seu caso, como você gostaria que fosse? O que você pode fazer para mudar?

Pode ser que não dê pra fazer as refeições todos os dias, mas podemos colocar uma vez na semana, o que acha?

Fazer escolhas saudáveis elevará sua saúde e qualidade de vida. Experimentar novos alimentos, novos sabores e novas formas.

Que tal um piquenique para começar essa interação?

Ou envolver toda a família no preparo das refeições também pode ser uma boa prática.

Aproveite, esteja presente na essência!

Atividade física

E a atividade física, faz parte da rotina de vocês? Muitas crianças e adolescentes ficam período integral na escola, os meus, até outro dia, ficavam doze horas na escola, por conta dos nossos horários profissionais. Muitas escolas oferecem atividade física, extra, fora da grade curricular. Você pratica alguma atividade física regularmente? Assim como na alimentação, a atividade física te dará energia e disposição.

Talvez o que vocês não façam durante a semana juntos podem fazer uma vez no final de semana, uma caminhada no parque, pode ser divertido e saudável.

Lembre-se de que nossos filhos seguirão nossos exemplos, e um bom exemplo vale muito mais que mil palavras.

Lazer

E o lazer, como está o lazer em família? O lazer em família fortalece laços, vínculos, melhora a saúde, auxilia no desenvolvimento da criança e adolescente, melhora a relação do casal, amplia a visão de sociedade, melhora de um modo geral a qualidade de vida.

A preocupação com o trabalho e com a correria do dia a dia faz com que muitos imaginem que momentos de lazer são somente quando realmente saímos da rotina, viajamos, mas eles podem estar em todos os momentos do dia a dia. Para alguns, ele pode ser um descanso, uma mera válvula de escape, e para outros ele pode ser momento de construir boas relações, de adquirir conhecimento, fazer alguma coisa diferente. As atividades de lazer são formas de diversão, descanso ou desenvolvimento que podem trazer inúmeros benefícios. E cada família tem a sua prática de lazer. Se você ainda não tem, veja as possibilidades de iniciar essa prática, pois refletirá fortemente na qualidade de vida familiar.

Proponha ler um livro em conjunto, ou ver um filme. Mas não se esqueça de que esse momento é para ser vivido integralmente. Estar presente verdadeiramente. Desconecte-se do mundo e conecte-se com a sua família.

Relacionamentos

Como estão seus relacionamentos? Seja ele familiar, social ou profissional, como você se vê dentro deles?

Um valor muito importante que podemos deixar aos nossos pequenos aprendizes é a empatia.

Empatia significa a capacidade psicológica para sentir o que sentiria uma outra pessoa caso estivesse na mesma situação vivenciada por ela. Consiste em tentar compreender sentimentos e emoções, procurando experimentar de forma objetiva e racional o que sente outro indivíduo.

A empatia leva as pessoas a ajudarem umas às outras. Está intimamente ligada ao altruísmo – amor e interesse pelo próximo – e à capacidade de ajudar. Quando um indivíduo consegue sentir a dor ou o sofrimento do outro ao se colocar no seu lugar, desperta a vontade de ajudar e de agir seguindo princípios morais.

Ser empático é ter afinidades e se identificar com outra pessoa. É saber ouvir os outros, compreender os seus problemas e emoções. Quando alguém diz "houve uma empatia imediata entre nós", isso significa que houve um grande envolvimento, uma identificação imediata. O contato com a outra pessoa gerou prazer, alegria e satisfação. Houve compatibilidade. Nesse contexto, a empatia pode ser considerada o oposto de antipatia.

Dentro do seu relacionamento familiar existe o diálogo, o perdão, o respeito, as conversas construtivas? Muitas vezes acreditamos que impor limites é a única forma de educar, claro, limites devem existir, porém não na forma de imposição. Nossas crianças são muito inteligentes e sabem muito bem entender o que é certo e o que é errado, desde que a comunicação seja efetiva. Quando você impõe sua vontade absoluta no trabalho, sua equipe rende? Então, pense que sua família é a sua equipe e você é o líder. A forma de liderar é que vai fazer seu relacionamento com eles fluir.

Sugira que, esta semana, um de vocês escolha uma atividade, seja ela escolher o cardápio para o jantar ou a sugestão de lazer, deixe que a cada dia um tenha a oportunidade de ter o gostinho de liderar e explique a importância de se relacionar e respeitar um ao outro.

Espiritualidade

A espiritualidade pode ser definida como uma "propensão humana a buscar significado para a vida por meio de conceitos que transcendem o tangível, à procura de um sentido de conexão com algo maior que si próprio". A espiritualidade pode ou não estar ligada a uma vivência religiosa.

O que é espiritualidade para você?

Espiritualidade não é somente praticar o jejum, a ioga, a meditação, orações, etc. Espiritualidade é trabalhar o amor, o bem, dar significado às coisas, seja ela na área pessoal ou profissional. Trabalhar os aspectos da vida como forma de aprendizado, de evolução, para o bem próprio e o bem ao próximo. Cultivar os valores essenciais para uma existência leve e plena. Ter o sentido da gratidão de verdade.

Como você fala de espiritualidade com sua família? Isso é importante para você? Como você aplica isso no dia a dia? Você se sente grato? Você compartilha dessa gratidão com seus filhos?

A Organização Mundial de Saúde (OMS) vem aprofundando as investigações sobre a espiritualidade enquanto constituinte do conceito multidimensional de saúde; atualmente, o bem-estar espiritual vem sendo considerado mais uma dimensão do estado de saúde, junto às dimensões corporais, psíquicas e sociais.

Religião é um conjunto de crenças, prática e linguagem, que caracteriza determinada comunidade que busca o significado da transcendência de uma forma particular, geralmente baseado na crença em uma divindade superior.

Espiritualidade é atitude, ação interna, ampliação da consciência, contato do indivíduo com sentimentos e pensamentos superiores e, ainda, com o fortalecimento e amadurecimento que este contato pode resultar para a personalidade.

Conversas, diálogos familiares são essenciais.

Valores

Podemos dizer que valores são tudo aquilo que é importante para nós. Por exemplo: respeito, perdão, amizade, contribuição, diálogo, relacionamentos, honestidade, responsabilidade, segurança, poder, estabilidade, liberdade, organização, saúde, status, excelência, comprometimento consigo mesmo, crescimento contínuo etc., é o que realmente faz sentido para você e sua família.

Quais são os seus valores? Quais valores você quer passar para a seus filhos, sua família? Eles são congruentes com a sua realidade?

Proponho agora que você liste os reais valores que importam para você e para a sua família. O que realmente você quer que seus filhos levem para a vida?

Um exercício bem legal para fazer em família é falar sobre cada valor, pode ser durante uma caminhada, durante uma refeição ou mesmo em um sorteio semanal, por exemplo, sorteie um valor para falar durante a semana e pergunte a eles, o que eles entendem desse ou daquele valor. Use a criatividade. Deixe-os sentir, fale das emoções e sentimentos.

Saúde financeira

O que você entende por saúde financeira? De onde vêm seus recursos financeiros? Eles estão equilibrados com a sua realidade? Você fala de dinheiro com seus filhos e sua família?

A participação familiar na organização financeira é muito importante, isso inclui filhos, independentemente da idade. Falar de dinheiro com eles pode ser divertido.

#1 – Organize-se, organize suas finanças junto com sua família, claro, tudo com uma linguagem adequada para cada idade;

#2 – Estabeleça prioridades;

#3 – Estabeleça limites de gastos;

#4 – Estabeleça metas;

#5 – Planeje suas compras e investimentos.

Sugestão para aplicar com as crianças e adolescentes:

Veja qual é o objetivo de cada um da família e proponha uma poupança, mensal, trimestral, semestral ou anual.

Aqui em casa fazemos anual. Eles guardam dinheiro o ano todo e, ao final do ano, podem escolher o que querem adquirir. Isso, fazemos desde que eram bem pequenos. Sabe aquela fase em que as crianças colocam tudo na boca, então, nessa fase começamos a falar de dinheiro com eles, pois moeda não deve ser colocada na boca e sim guardada no cofre. Ensinar a eles a consciência de como poupar e gastar é muito importante.

Faça a sua planilha, eduque-se e terá filhos educados financeiramente também.

Converse sobre sonhos e metas, e pergunte sempre o que pode ser feito para alcançar, garanto que virão respostas extraordinárias, principalmente dos menores.

Não podemos deixar de sonhar, porém temos metas a cumprir para que esses sonhos se tornem realidade.

Nossos filhos são nossos reflexos. Todos nós somos condicionados a viver uma realidade. Comemos arroz e feijão, pois fomos condicionados a isso, pois não é em todo lugar que se come assim. Aprendemos e repetimos padrões, e nossos filhos farão o mesmo e assim sucessivamente, seguindo exemplos e comportamentos.

Somos o resultado das nossas ESCOLHAS. Podemos escolher o que plantar hoje junto a nossa família, para que esse jardim floresça e dê bons frutos no futuro, para que fique na memória o nosso LEGADO.

Referências
MARQUES, José Roberto. *Saúde e coaching: saúde na história, desenvolvimento neural e princípios do coaching.* Goiânia: Editora IBC, 2015.
MARQUES, José Roberto. *Saúde e coaching: saúde e bem-estar no trabalho.* Goiânia: Editora IBC, 2015.
GUIMARÃES, Hélio Penna. *O impacto da espiritualidade na saúde física.* Rev. Psiq. Clín.
PEDRÃO, Raphael de Brito. *Nursing and spirituality.* Einstein.
CURY, Augusto. *Pais inteligentes formam SUCESSORES, não herdeiros.* Saraiva, 2014.

Site
https://pt.wikipedia.org/

18

Meu filho foi mal na escola e agora?

Problemas escolares têm estressado e fatigado famílias e escolas. Desinteresse em aprender, notas baixas, dificuldades nos relacionamentos fazem parte de uma extensa lista de preocupações. Para ajudá-lo a solucionar esses desafios, traçamos um passo a passo para promover um ambiente motivador e próprio à aprendizagem com base no fortalecimento do relacionamento entre escola e família

Nívea Matos Contreras

Nívea Matos Contreras

Concluiu o magistério em 1996. Formou-se em direito em 2001, mas foi no ano de 2003, quando nasceu sua primeira filha, que resolveu abraçar sua real paixão pela educação e desenvolvimento infantil. Tem 39 anos, casada, mamãe de Isabella e Laila; atua como psicopedagoga, *parent coach* e *kid coach* com formação no método Kidscoaching pela Rio Coaching. Possui formação em TDAH pela Associação Brasileira do Déficit de Atenção e em dislexia pela Associação Brasileira de Dislexia. Psicoterapeuta argilina com formação no Método Argila-Espelho da Autoexpressão. Foi diretora franqueada de uma das primeiras unidades do Supera Ginástica para o Cérebro no Brasil. Dedica-se intensamente a mediar e orientar crianças, adolescentes, famílias e escolas a superarem desafios e cumprirem cada qual sua missão de vida.

Contatos
www.filhosqueaprendem.com.br
nivea@filhosqueaprendem.com.br
(41) 99255-2693

Orientações básicas para famílias e escolas solucionarem este problema.

A escola deve ser um lugar acolhedor, onde cada criança e adolescente sinta-se à vontade para aprender. Depois da família e comunidade próxima, a escola é o lugar onde passamos a maior parte de nosso tempo e interagimos de forma mais significativa durante a juventude.

Para um adulto, ter problemas no trabalho é um fardo pesado para se carregar, o mesmo deve-se concluir quando falamos sobre crianças/adolescentes com problemas escolares. Principalmente quando não são adequadamente resolvidos, nesse caso podem acarretar a desconstrução de um ser humano integral e automotivado para suas conquistas pessoais.

Há mais de dez anos atuo com paixão na missão de ajudar crianças e adolescentes que apresentam dificuldades de aprendizagem a superarem seus obstáculos e desenvolverem suas inteligências. Aprender é um processo complexo que envolve inteligências, condições neurológicas e biológicas, emoções e um meio social próprio a isso.

Lembro-me de atender um pai bem-sucedido em sua profissão, reconhecido pela sociedade, afirmando que estava a minha frente sentindo-se envergonhado e impotente diante de tantas reclamações acerca de seu filho. Ele dizia: "Ajudo tantas famílias através do meu trabalho e conhecimento, mas não consigo ajudar meu próprio filho!" O menino tinha apenas oito anos de idade e dezenas de queixas, como desatenção, notas baixas e mau comportamento.

Casos como esse têm aumentado diariamente nas escolas de nosso país. Apesar de serem tão comuns, podem transtornar a vida de famílias em qualquer condição socioeconômica. Ainda que aquele pai fosse um médico bem-sucedido e reconhecido conselheiro de famílias, era no mínimo natural que se sentisse frustrado e angustiado quando o assunto fosse o que lhe era mais precioso, seu único filho!

Portanto, vamos refletir e esboçar um passo a passo que nos oriente quanto ao que fazer quando se ouve as primeiras reclamações acerca das dificuldades de aprendizagem e mau comportamento de nossas crianças e adolescentes. Como escola e família podem contribuir para minimizar os sofrimentos decorrentes dessas dificuldades e potencializar as capacidades de quem aprende, e ainda qual a diferença entre dificuldades e distúrbios de aprendizagem.

Passo zero. Não espere ser chamado pela escola para conversar!
Pais não precisam ser eméritos professores, mas podem ocupar-se da grande responsabilidade de serem exímios facilitadores da aprendizagem de seus filhos. Quanto mais participativos na comunidade escolar, mais tem chances de se anteciparem ao surgimento de problemas.

Diálogos com a escola são eficientes na hora de dirimir dúvidas referentes à proposta pedagógica, valores e exigências particulares a cada série, e podem contribuir para a viabilização do suporte necessário. Um exemplo disso é o conhecimento da quantidade e frequência dos deveres escolares enviados para casa, quais os critérios usados para avaliação e notas, ou ainda como funcionam as salas de apoio para alunos que precisam de reforço de conteúdos. Você precisa saber o que a escola de seu filho é e oferece!

O que desejo frisar neste tópico é que o relacionamento entre família e escola não precisa se resumir à primeira entrevista feita no ato da matrícula, mas deve acontecer sempre que necessário acrescentar algum fato novo ou motivo que possa interferir no avanço da aprendizagem.

Portanto, este é o passo zero, não espere ser chamado para conversar, crie a oportunidade de ter a escola como parceira comprometida com o desenvolvimento integral de seu filho.

Passo 1: A primeira reclamação
Se a escola o chamou para comunicar que seu filho está com notas baixas, problemas de comportamento ou qualquer outra queixa, é preciso fazer duas coisas simultaneamente. Investigar os motivos que têm desencadeado a baixa produtividade ou mudança de comportamento, e elaborar um plano de ação em conjunto com a equipe pedagógica para solucionar o caso.

Professores são as pessoas mais competentes para oferecerem material que esclareça as dificuldades de seus alunos. A partir de relatos de sala de aula e da família, pode-se listar as possíveis causas e criativamente combatê-las.

A investigação pode começar por questões de ordem biológica. Verificação das funções da visão e audição, dos hábitos alimentares, desde horas de sono, partindo sempre do mais simples para o mais complicado. A baixa acuidade visual, por exemplo, pode atrapalhar a identificação das letras e números e impedir a fluência na aquisição da leitura e escrita.

Segundo pesquisas recentes, crianças que se alimentam mal, dormem menos de oito horas por noite possuem rendimento escolar abaixo da média. Já atendi um garoto que teve problemas para aprender simplesmente porque dormia muito tarde jogando videogame e estava sempre muito cansado para ir à escola pela manhã. A troca de turno e regras quanto ao uso dos games foi parte essencial para a solução deste caso.

Passo 2: Nesta história não há culpados!
Se há problemas, buscamos culpados, é uma atitude comum aos seres humanos. E na vida escolar não é diferente, mas acaba sobrecarregando o aluno na maioria das vezes. Como já mencionado, um professor bem capacitado (junto aos pais, é claro!) é quem melhor pode reconhecer problemas e propor soluções para os conflitos. No entanto, não deveria deixar de avaliar a si mesmo e a prática pedagógica da escola como pressuposto para o êxito dessa missão.

Problemas escolares nem sempre são problemas com os alunos. A escola, desde que se tornou universal, acessível a todos, passa por readequações de seus conteúdos às mais diversas realidades de seus alunos, e por isso não é de se admirar que tenha graves problemas em mantê-los motivados e interessados em aprender.

Será que temos tantas crianças com déficits de atenção assim? Ainda que distúrbios de aprendizagem, como TDAH, dislexia, dentre outros recém-nomeados, existam, não podemos deixar de lado a forma como a escola se posiciona frente a essas circunstâncias.

Pais e escolas, não permitam que julgamentos rotulem crianças e adolescentes fadando-as ao fracasso de sua aprendizagem.

Cabe aos adultos desta relação promoverem um espaço saudável para que tentativas aconteçam sem o ônus do medo de errar, para que enfim seja prazeroso aprender.

Passo 3: E se nada disso der certo, para onde iremos?
Mudar de escola deve ser um dos últimos recursos pensados para solucionar tais problemas. Transferências geralmente acontecem quando desgastes entre professores e colegas geram grande sofrimento ao aluno e tornam sua permanência inviável.

Se mudar de escola não é a saída, e tendo seguido todos os passos, ainda assim os resultados não forem satisfatórios, talvez seja esse o momento de avaliações mais específicas, em que profissionais, como psicólogos, psicopedagogos, fonoaudiólogos, dentre outros, avaliem possíveis intervenções fora do âmbito escolar. Reafirmo: não antes de se esgotarem todas as vias pedagógicas.

Às vezes, mudanças simples na organização da rotina familiar, por exemplo, já resolvem as ocorrências por falta de materiais para aulas e tarefas de casa. O mesmo ocorre quando a escola descobre a melhor maneira de ensinar, utilizando de forma criativa recursos humanos, naturais, audiovisuais e lúdicos.

A diferença entre dificuldades de aprendizagem e transtornos de aprendizagem
Embora pareça a mesma coisa, são diferentes e requerem providências distintas. Para a psicóloga e Dra. Nadia Bossa, "No que diz respeito à aprendizagem, as dificuldades podem ser os problemas que interferem nesse processo, decorrentes, por exemplo, da capacitação do professor, da proposta pedagógica, de dificuldades socioeconômicas ou de questões familiares. São obstáculos passageiros em determinados momentos da vida de uma pessoa."

As dificuldades de aprendizagem geralmente são resolvidas no âmbito escolar. E são relativas ao passo a passo apresentado aqui. Já os distúrbios devem ser acompanhados por uma equipe multidisciplinar por envolver questões mais complexas.

Segundo a pedagoga Maria Cristina Bromber, mestre em distúrbios do desenvolvimento, "Pode ser uma interferência no processo normal de aprendizagem, como uma dificuldade em aprender a ler, no processo de escrita, na comunicação ou na linguagem oral, mas sempre de origem neurológica".

Neste capítulo, sugerimos um roteiro simples de atitudes que podem ajudar a resolver dificuldades de aprendizagem, pois acontecem dentro da esfera pedagógica. O que eu desejo deixar claro é que ainda que seja possível solucionar apenas nos passos mencionados, há casos que necessitam de uma intervenção de vários outros profissionais.

Estudar com prazer é um meio de prevenção contra dificuldades de aprendizagem
A Finlândia é um país referência em educação, onde a maioria dos pais trabalha e a escola é em tempo integral. Alunos vão às aulas em um turno e em outro fazem esportes e estudam. Segundo o professor Pier, em palestra Estimulando a inteligência, aqui pode estar o diferencial dessa nação, em um turno entendem o conteúdo ensinado pelos professores e em outro estudam de forma ativa.

Aprender é uma ação. Não importa quanto tempo alguém seja exposto a importantes informações, caso seja apenas um ouvinte, certamente, muito pouco vai aprender. Conforme o professor Pierluigi, para ser um bom aprendiz é preciso fazer (agir) três coisas:

Assistir às aulas com atenção: a aula é o momento em que as informações são transmitidas, enquanto o professor se ocupa de prepará-la de forma que alcance as mais diversas modalidades de aprendizagem; o aluno deve se engajar na dinâmica da aula.

Estudar depois da aula para aprender: estudar assim como aprender é ativo e envolve ler, interpretar, refletir, escrever, resumir, questionar, responder. Sempre que há uma informação nova, é necessário revê-la de forma prática dentro de um período de 24 horas. Professor Pier dizia entusiasticamente, "aula dada, aula estudada hoje!"

Dormir uma boa noite de sono para fixar: o cérebro precisa de algumas horas de bom sono para fixar o que foi aprendido durante o dia. Para se ter uma boa noite de sono, é interessante estabelecer um ritual que pode envolver diminuir a iluminação da casa, desligar aparelhos eletrônicos, tomar um banho relaxante, fazer uma leitura agradável, de preferência em livros de papel e separar um tempo para fazer orações.

10 dicas para tornar a hora de estudar mais leve e gostosa.
Com minha filhas, tenho seguido a orientação do médico psiquiatra, palestrante e escritor de livros de educação Içami Tiba (e tem dado certo), a instrução dada no livro *Família de alta performance* é supervi-

sionar bem de perto crianças até os nove anos de idade em suas atividades escolares. Tempo essencial para que sejam ensinadas a estudar e desenvolver suas próprias estratégias de aprendizagem. Passemos as dicas:

Planejem juntos os horários de estudos e faça pequenas pausas: incluir descansos para tomar água ou fazer um lanche saudável é garantia de disposição e atenção do início ao fim dos estudos. Siga a dica de estudar o que já foi dado em sala de aula no dia.

Reserve um lugar agradável para estudar: com iluminação e mobília adequadas, quanto mais próximas a iluminação e ventilação natural melhor, também vale a pena deixar a criança ou adolescente escolher sua própria luminária ou qualquer outro item que demarque aquele lugar como diferenciado na casa.

Use música: (sem letra de preferência) tanto como fundo para diminuir ruídos externos quanto para composição, tomando como tema o conteúdo estudado. Canções de roda alegram os pequenos. Música pop, paródias e até baladas românticas inspiram a criatividade dos adolescentes.

Ensine seu filho a estudar desenhando: reveja pontos importantes do conteúdo desenhando a trajetória. É uma excelente prática para fazer resumos de textos e explicações de processos, como fotossíntese, ciclos da água, fórmulas matemáticas etc.

Coloque-se no lugar de aluno e deixe seu filho explicar a matéria: quem ensina aprende ao ensinar. E quem aprende ensina ao aprender. (Paulo Freire). É verdade que quanto mais nos ocupamos de fazer o outro compreender algo, mais superamos nossos próprios limites de percepção. Ante a oportunidade de enfrentar o desafio de ensinar contribuímos para que nossas crianças valorizem e respeitem mais quem ensina.

Criem murais e cartazes explicativos: é interessante ter um mural onde esteja o calendário de avaliações, trabalhos a serem entregues e rotina diária. Use *post-its* para lembretes, tachinhas coloridas e personalize o mural da experiência.

Ouse com a tecnologia, por que não? Escolha dias em que é permitido ficar com o celular ou o computador à mão para pesquisar sobre um autor, assistir um vídeo complementar, conhecer uma página nova na internet, fazer um joguinho online com tabuada, palavras cruzadas etc. Linque o conteúdo estudado a algo do dia a dia, dê vida às letras, números e histórias do papel.

Conte de suas experiências como aluno: fale sobre seus momentos de acertos e trágicos erros com bom humor. Nossos filhos precisam saber que passamos pelas mesmas alegrias e angústias que eles. É preciso mostrar que hora acertamos, hora erramos e a todo tempo podemos recomeçar!

Problematize: precisamos ensinar nossos filhos a arte de fazerem boas perguntas. Peça às crianças que leiam textos e façam perguntas a si mesmas ou a outras pessoas da família.

Faça tudo isso com amor e alegria: promova a harmonia durante esse tempo, mostre-se alegre, afetuoso e envolvido na tarefa, participando sempre que solicitado. O tom de voz, o toque carinhoso e a firmeza com a qual orientamos nossos filhos na hora de estudar são atitudes que eles levarão para a vida de seus próprios filhos.

Todos somos aprendizes vencendo dificuldades

Tenho saudades de minha escola! Muito do que sou hoje foi construído enquanto passava longas horas em um colégio de freiras só para meninas em Guiratinga, no interior do estado do Mato Grosso. A boa convivência entre as famílias e a comunidade escolar refletia na motivação que a criançada tinha para transformar o que aprendia em teatro, dança e música.

Tenho duas doces e fortes princesas. Desejo que minhas filhas também tenham o tempo de escola guardado no coração com alegria. Isso não quer dizer que quero evitar que tenham percalços, dificuldades, mas sim, que transitem de forma segura pelas vias do aprender bem acompanhadas por quem pode ensiná-las o suficiente (escola e família) para daqui um tempo seguirem em frente sozinhas.

Desde o magistério até a especialização em psicopedagogia, dentre outras formações, pude compreender que parceria, diálogo, propósitos em comum, são atitudes positivas que norteiam o relacionamento entre famílias e escolas que desejam promover o bem comum de seus filhos e estudantes.

Crianças com sucessivos fracassos escolares perdem a autoconfiança e rejeitam quem são, podem tornar-se muito tímidas ou até mesmo agressivas; todos esses comportamentos são uma bandeira de alerta. Quanto mais rápido conseguirmos intervir para que a aprendizagem aconteça de forma natural, melhor.

O passo a passo entre família e escola faz parte de minha experiência em uma escola onde atuo como parceira em Curitiba. E que tem reforçado minhas convicções de que dificuldades de aprendizagem são resolvidas entre pais e escola. Entro em ação quando a investigação exige mais tempo e profundidade do que é permitida à escola.

Amo estudar, mas nem sempre foi assim! Já tive horror à matemática, e não conseguia ficar sentada na carteira em disciplinas muito explanativas, minha mente viajava e ansiava pelo momento em que o sinal tocaria para simplesmente passar um bom tempo papeando ou brincando com o pessoal, que incluía colegas, professores, merendeiras, inspetoras de pátios e freiras.

Mas também me recordo das vezes em que alguns mestres conseguiam me arrebatar a atenção, e ali eu ficava... absorta, curiosa, apegada, motivada! Será que nossas crianças hoje são tão diferentes assim?!

Referências
SAMPAIO, Simaia. *Dificuldades de aprendizagem: a psicopedagogia na relação sujeito, família e escola.* 3. ed. Rio de Janeiro: Wak Ed., 2011.
WEISSBOURD, Richard. *Os pais que queremos ser: como pais bem-intencionados podem prejudicar o desenvolvimento moral e emocional dos filhos*; tradução Maria Sílvia Mourão Netto. São Paulo: Editora WMF Martins Fontes, 2012.

Site
BOSSA, Nadia. *Hiperatividade, a palavra da vez!* [2016]. Disponível em: < http://www.nadiabossa.com.br/hiperatividade.html/>. Acesso em: 16 dez. 2016.

19

Estratégias para controlar conflitos entre irmãos

Muitas vezes, como pais, sentimo-nos culpados por não conseguirmos manter a paz entre os filhos, quando estes brigam. Sentimos culpa, frustração. Baseada em minhas experiências como mãe e *coach*, trago algumas sugestões e ferramentas para controlar essas situações que podem surgir em alguma fase da vida de nossos filhos

Norma Lima Azevedo

Norma Lima Azevedo

Mãe de duas filhas. Ama o que faz. Pesquisadora da área de família. *Parental coach* – Certificada internacionalmente pela Parent Coaching Academy - Lorraine Thomas – Inglaterra; *Professional life coach* – Certificada pelo Instituto Brasileiro de Coaching – IBC, certificações internacionais CGC, ECA, OAC, CAC. Analista comportamental, 360°, *Leader coach* e *Assesment*. Advogada pela Universidade de Guarulhos – UNG -graduanda em Gestão de pessoas pela FAAT – Faculdades de Atibaia. Gestora na área administrativa de algumas empresas por mais de 12 anos.

Contatos
normacoach@yahoo.com.br
(11) 97317-6459

> Educar é semear com sabedoria e colher
> com paciência.
> (Augusto Cury)

Discussões, brigas, competições entre irmãos, requer dos pais muita paciência e domínio da situação, o que nem sempre acontece.

Esses comportamentos ocorrem em qualquer idade. Os irmãos têm de ajustar suas necessidades ao convívio social e os mesmos começam por este caminho: as brigas.

Como pais devemos identificar se por trás deste comportamento existe algum sentimento negativo, nocivo que esteja afetando sua autoestima, sua autoconfiança, comprometendo assim seu desenvolvimento emocional e psíquico.

> " A autoestima começa a se desenvolver numa pessoa quando ela é ainda um bebê. Os cuidados e os carinhos vão mostrando à criança que ela é amada e cuidada. Nesse começo de vida, ela está aprendendo como é o mundo a sua volta e, conforme se desenvolve vai descobrindo seu valor a partir do valor que os outros lhe dão. É quando é formada a auto estima essencial." (IÇAMI TIBA, Quem ama, educa – São Paulo, Ed. Gente, 2002, pág. 27)

Caso contrário, os conflitos são normais, mas é trabalhar no controle de forma a amenizá-los.

Se bem trabalhada estas questões, os filhos terão uma convivência saudável. Terão mais maturidade e estarão mais preparados para viverem bem em sociedade e serem bons pais.

Resolver de maneira eficaz o bom convívio entre os filhos não é tarefa fácil, mas possível. Como seres humanos, somos diferentes, únicos, temos ideias e escolhas próprias.

Muitas vezes os pais sentem-se culpados, impotentes e frustrados por não conseguirem manter este convívio pacífico.

Aprender algumas técnicas e orientações para manter sob controle esses conflitos, pode criar um ambiente mais harmonioso e ajudá-los a gradativamente lidarem com as diferenças um do outro.

Valores
Criar um conjunto de crenças e valores ajudará e muito em todos os momentos de uma convivência familiar e dentro da sociedade. Haja visto os valores universais, dentre outros amor, gratidão, cidadania, disciplina, religiosidade, solidariedade e ética,

> " Todo comportamento está em busca de satisfazer um valor. Compreender o valor motivador pode alterar o comportamento" (José Roberto Marques – Presidente do IBC- Instituto Brasileiro de Coaching)

Construa esse conjunto de valores baseado em algumas perguntas:
1) O que é importante para nós pais? Oque queremos deixar como legado aos nossos filhos?
2) Quais os princípios que gostaríamos de seguir em nossas vidas?
3) Quais os princípios que cumpridos, sentiremos bem e se violados nos causarão sofrimento ?

Uma vez eleito os valores que fazem sentido para o casal, escrevam em um cartão (para cada valor um cartão) e no verso o que significa aquele valor com palavras simples. Coloque alguns exemplos e deixe espaço para seus filhos escrever o exemplo deles, aí fica bem claro se entenderam.
Coloque em uma caixa, e num dia que previamente vocês prepararam, com muita descontração, num momento bem agradável, comecem a explicar e deixá-los participar, certificando-se que todos entenderam e que estão cientes que é algo sério, importante e que deve ser cumprido por todos na família. Com certeza no início será importante recorrer as explicações. E também nos momentos de conflitos, fazer com que a criança perceba que seu comportamento não condiz com estes valores.
Também recorrer a esta caixa de valores quando eles tiverem realizado algo positivo. Deve-se reforçar as conquistas e as atitudes corretas

de seus filhos. Muito importante para sua autoestima e consequentemente para continuar no caminho certo. Ás vezes, como pais, só damos importância ao erro. Quando temos oportunidade de reconhecer não o fazemos. Acredito que não devemos supervalorizar, pois boas condutas já são esperadas. Mas devemos estar atentos caso isso ocorra. Claro que muitas pessoas acham que ser honesto, por exemplo é uma qualidade, quando sabemos que isso é imperativo para todos nós.

Bem, quanto a dinâmica, cabe para qualquer idade, mudando apenas a maneira da apresentação.

Várias são as causas dos conflitos e brigas entre irmãos
- Ciúmes um do outro, principalmente com relação aos pais;
- Disputa de poder;
- Necessidade de se destacar entre os irmãos;
- Distância nos relacionamentos;
- Falta de afeto por parte de um dos irmãos;
- Falta de elogio, etc., etc.

Alguns combinados se fazem necessários. Isso facilita e muito na hora da disciplina e responsabilidade. Vale ressaltar que esses combinados valem para todos da família, pois devemos agir de forma congruente ao que estamos falando.

Durante esses conflitos familiares podemos nos deparar com agressões, que podem ser físicas ou verbais. A reflexão, sobre o ocorrido, bem como o pedido de perdão sempre se faz necessário, ainda que os irmãos demonstrem raiva um do outro. O fato de exercitarem a reflexão e o perdão faz com que esta atitude faça parte de seu caráter e futuramente em sua vida adulta.

Reconhecer suas emoções também é fundamental para aprender as nossas necessidades e as necessidades de quem convivemos. Utilize esse momento de reflexão para identificar o que cada um sentiu, como foi, como poderia ter sido diferente e até mesmo, se possível, praticar a empatia se colocando no lugar do outro.

Não é fácil. Serão repetidas vezes em que como pais temos que insistir. Estamos formando seres humanos para um mundo cheio de desafios. No futuro, veremos nosso trabalho através da vida de nossos filhos e com certeza eles serão os primeiros a reconhecerem isso.

Você sabe dizer o quanto seu filho(a) se sente amado por você?

Como mãe e *coach*, uma das experiências que me ajudou muito foi conhecer e entender que cada filho(a) tem uma linguagem de amor própria. Você sabia que as pessoas se sentem amadas de diferentes formas?

Caso queiram se aprofundar, recomendo fortemente que você adquira o livro intitulado "As cinco linguagens de amor das crianças", escrito por Gary Chapman. Excelente conteúdo para pais. Abaixo trago um resumo do que seria estes comportamentos/atos/ações que referem-se as "linguagens de amor".

1) Toque físico

Beijar e abraçar são as linguagens mais fáceis de demonstrar o amor. Apesar disso, muitos pais só tocam em seus filhos para dar banho, trocar suas roupas e quando levam para a cama ao adormecerem. As crianças precisam deste afeto, quanto mais estiverem cheio o seu emocional, mais saudável sua autoestima. Contatos físicos através de jogos e brincadeiras devem fazer parte do convívio familiar e escolar.

2) Palavras de afirmação

A palavra positiva aumenta o senso de valor e segurança. Marcam a memória. Ao contrário, as palavras negativas podem prejudicar a autoestima e lançar dúvidas sobre a capacidade da criança. O elogio sincero, palavras de encorajamento motiva a criança a sempre fazer o seu melhor e não desistir.

3) Tempo de qualidade

Esta linguagem está associada à atenção concentrada e exclusiva. Incluir contatos visuais é um poderoso meio para demonstrar o seu amor direto ao coração da criança.

Nestes momentos, os pais têm oportunidade de conversar com seus filhos. Conversa de qualidade. Contar histórias, reais ou fictícias.

Enfim todas as atividades que se possa vivenciar com a atenção voltada aos nossos pequenos, ou grandes.

4) Receber presentes

Dar e receber presentes (evitando que sejam sempre comprados em lojas e caros), é uma forma de demonstrar amor, é presentear sem nada em troca, sem merecimento, sem datas específicas. Fazer surpresas com bilhetinhos, um jantar sem aviso, um objeto feito pelos pais. Tudo isso é uma atitude de demonstração de afeto.

5) **Atos de serviço**
Para os pais, a motivação principal não deve ser o que os filhos querem, e sim o que é melhor para eles. Os pais devem estar atentos quanto a sua disposição física e emocional, pois sabemos que ser pai e mãe, exige serviço 24 horas por dia.

Ensinar e incentivá-los em suas habilidades e talentos, deixando que ele aprenda com os erros. Ofereça oportunidades e esteja realizando com ele. Participe deste momento. Assim você estará demonstrando amor e contribuindo com o desenvolvimento dele.

Seja exemplo para o(s) seu(s) filho(s)
Muitas vezes não é fácil viver a dois sem conflitos de ideias. Como casal precisamos enxergar o potencial positivo nos conflitos. Isto ocorre nas organizações. É sabido que o conflito de ideias proporciona ganhos nos resultados de uma empresa. Pois é na diversidade de ideias que encontramos soluções e estratégias antes desconhecidas.

Apenas temos que garantir que nestas questões não haja brigas e discussões. Se isso acontecer, os nossos filhos também não terão seus pais como bons exemplos

Vale lembrar que em uma família, isso também acontece. Com conversas amistosas, cada um expondo seus pontos de vista e quando se fizer necessário, a tomada de decisões, com a opinião de ambos.

Essa é uma boa oportunidade para eles entenderem que temos opiniões diferentes, mas sempre colocando da melhor maneira, respeitando o outro, seus valores e a hierarquia da família.

Não fazer comparações
Tive minha primeira filha e foi uma experiência indescritível. Com certeza sabemos que esse momento ficará gravado em nossas mentes e coração para o resto de nossas vidas.

Após 3 anos estava novamente vivendo este momento. A felicidade estava dobrada, melhor multiplicada. Não imaginávamos que Deus reservara estas duas joias em nossas vidas.

Os anos foram se passando e entre erros e acertos fomos educando-as da melhor forma possível, pois acredito verdadeiramente que é isso que todos os pais querem para seus filhos.

Percebia um ciúmes dentro do normal por parte da Natália com a Lorena. A chegada da irmã era um misto de alegria e ciúmes. Procurava conduzir bem as situações.

Mas num dado momento, quando a Natália completou 12 anos, percebi que ela começou ter um comportamento muito estranho comigo. Com muitas discussões, muita desobediência e muitas brigas com a irmã.

Eram provocações e agressões verbais da parte dela, e da irmã, físicas.

Eu e meu marido não conseguíamos controlar, porém ela se continha mais com as ordens e presença do pai.

Como sempre fui de dialogar, tentava em conversas entender o que estava acontecendo. Porém sem muito sucesso.

Foi uma fase bem desafiadora.

Nos momentos de discussões e brigas, sempre indagava o por quê? Ela tinha sempre um motivo, porém não era o que estava falando. Percebi que o que falava era apenas a superfície. Certamente havia algo mais profundo. Precisávamos descobrir e estancar o problema.

Nunca aceitei as pessoas falarem que determinados problemas que aparecem na pré-adolescência ou adolescência é próprio da fase.

Nunca defendi isso. Acredito muito que todos nós temos em qualquer fase da vida, alguns problemas de ordem emocional que deve ser colocado e tratado. E na minha opinião se você não trata isso com seus filhos de maneira séria, irá refletir na vida adulta com toda a certeza.

Bem, com o tempo ela me falou que era ciúmes da irmã. Mas isso ainda não era o iceberg.

Foi quando numa discussão, ela me disse que eu fazia muitas comparações. Que eu sempre falava dela dizendo que não fazia isso ou aquilo e que me referia sempre a ela com palavras negativas. Que ela se sentia muito inferiorizada e pouco aceita por mim.

Isso foi devastador, muito triste, frustrante pois tudo que eu desejei era criá-las bem, com todos os cuidados e da melhor forma possível. Orientando-as a terem uma vida feliz, com limites sim e com muito, muito amor.

Me senti a pior das mães, culpa e frustração me tomaram conta. E na verdade era isso mesmo. Era culpada, não percebia o quanto a feri, a magoei.

Neste dia, pela primeira vez (e graças a Deus por isso ter acontecido) pedi perdão a minha filha, fiz isso chorando pois eu jamais queria que isso estivesse acontecido, sem perceber estava no automático, proferindo palavras negativas que só pioravam sua autoestima e nossa relação. Falei o que ela representava para mim, o quanto eu a admirava, das suas qualidades, de seus talentos, do amor à família, do cuidado com as pessoas, da inteligência dela.

Ela sempre teve estas qualidades e é assim até hoje. Porém por não ter conseguido expor ciúmes que vinha guardando com o passar do tempo, adotou este comportamento, o que a levou a ter essa dificuldade no relacionamento comigo e com a irmã.

Enfim, ficamos horas conversando. Ela também me pediu perdão. Sabia também que tudo isso começou com ciúmes da irmã, mas que juntas iríamos trabalhar essa questão juntas.

Só posso dizer que foi libertador para nós duas. Depois disso nossa história foi muito diferente, muito além do que poderia imaginar. A boa convivência, o amor, a cumplicidade e o respeito foi completamente restaurado. Sua amizade e cuidado com a irmã só tem crescido. Também têm se apoiado em momentos difíceis que passaram.

Poderia não colocar minha experiência aqui, pois é muito difícil para nós nos expormos, porém acredito que possa ajudá-los. Conheço pessoas que acham que os pais nunca devam pedir perdão aos filhos.

Não acredito nisso. Minha experiência provou o contrário. O erro maior está quando os pais se colocam numa situação onde os filhos desenvolvem um poder sobre eles e quando não atendidos, os mesmos logo fazem uma cena e os pais se desculpam por causa disso. Tenhamos cuidado, isso é muito sério.

Diálogo

Conversar com os filhos em momentos diversos é importante para criar um elo forte e abrir oportunidades para entender suas expectativas, seus pensamentos e acima de tudo como eles vêm os seus problemas e as frustrações.

Ao dar importância a estes momentos tão preciosos, podemos criar diversas estratégias para enfrentar e evitar futuros conflitos.

Também são oportunidades de observar se em seu dia a dia estão incorporando os valores da família.

Em qualquer momento, seja brincando, fazendo as refeições, assistindo TV, brincando com os irmãos, com amigos, na escola, são oportunidades para comentar sobre os valores, sobre a atitude deles, de alguém, ou de um personagem da TV. Não deixe passar estas oportunidades. Lembrando sempre que nós estamos sendo vigiados por eles o tempo todo. Não basta criar regras e ter valores, o nosso exemplo é o que fala mais alto.

Acredito que a união, o respeito e o apoio dos pais, mas principalmente o amor são ingredientes necessários e indispensáveis na construção de uma família unida e feliz.!!!!!!

Referências
CHAPMAN, G. *As cinco linguagens do amor da criança*. São Paulo: Editora Mundo Cristão, 1997.
CURY, Augusto J. *Nunca desista dos seus sonhos*. Sextante, 2004
MARQUES, José R. *Professional & self coaching*. São Paulo: IBC, 2014.
TIBA, Içami. *Quem ama, educa! formando cidadãos éticos*. São Paulo: Integrare Editora, 2012.
TIBA, Içami. *Pais e educadores de alta performance*. 2. ed. São Paulo: Integrare Editora, 2012

20

Você sabe o que são crenças?

Crença é uma condição psicológica que se define pela sensação de veracidade relativa a uma determinada ideia. Representa o ELEMENTO subjetivo do conhecimento, pois afeta tudo em nossa vida: como criamos os filhos, onde decidimos morar, com quais pessoas nos relacionamos, o dinheiro que ganhamos ou temos e nosso equilíbrio mental e emocional. Nossas crenças constroem o nosso mundo

Renatta Castro

Renatta Castro

Renatta Castro é advogada, pós-graduada em Gestão de negócios internacionais, *coach*, *kids coach, parent coach, mentoring* e analista comportamental. Possui formação em Terapia cognitiva comportamental. Especialista em Crenças limitantes. Com atuação nas áreas de terapia clínica, desenvolvimento humano, programas de *coaching* sobre inteligência emocional para pessoas que buscam um maior propósito e equilíbrio de vida. É especialista em *coaching* infantil e *coaching* de orientação para pais. É certificada em *Professional coaching*, analista comportamental, pela Sociedade Latino Americana de Coaching – SLAC, com certificação internacional pela Intenational Association of Coaching (IAC). *Advanced coaching* pela Abracoaching, também com certificação internacional, *Coaching* para pais pela Parent Coaching Academy (Reino Unido).

Contatos
www.transformandosuavida.com.br
contato@transformandosuavida.com.br
www.facebook.com/transformandosuavidacoach
Insta@renattacastrocoach

Vivemos em um tempo em que os pais estão apresentando muitas dificuldades em conectar-se com seus filhos. Cada vez mais vemos pais permissivos, pais que trabalham demais, tem-se a desculpa do tempo para não orientar corretamente ou estar presentes na vida de seus filhos.

Assim, os melhores amigos das crianças de hoje podem ser videogames, *tablets*, televisão, o que aumenta assustadoramente o índice de dependência tecnológica. E não é só isso, eles estão cada vez mais vivendo isolados em seus mundos virtuais.

A princípio, parece inofensivo que nossos filhos brinquem com eletrônicos, pois estão dentro de casa, em segurança, longe da violência e da criminalidade, não é mesmo? Ficam quietos, não dão trabalho, nos deixam fazer nossos afazeres, conseguimos até muitas vezes ler aquele livro interessante que estávamos a meses tentando, ou conseguimos assistir aquele filme da qual nunca conseguimos pegar o começo.

Mas posso dizer que a coisa não é tão boa quanto pensamos, não. Se isso acontece uma ou duas vezes na semana, ok. Mas o que estamos percebendo é um aumento constante, com crianças e adultos 100 por cento conectados, sem interagir, sem trocar uma palavra sequer.

Estamos perdendo a oportunidade de nos conectarmos com nossos filhos, estamos deixando que a tecnologia invada os relacionamentos entre pais e filhos.

Você conhece seu filho? Sabe todos os seus gostos, sonhos, brinquedos preferidos, desenhos de que mais gosta, seus medos?

Qual modelo você quer que seu filho leve para a fase adulta? De pais que não lhe davam carinho, que nunca brincavam com ele, que não lhe contaram histórias?

Lembro-me até hoje de uma história que um tio, o qual amo muito e que já se foi, me contava. Ele tinha um gatinho e todos os dias servia café com leite para esse gatinho, mas ele só tomava o leite e deixava o café no pote. Pode parecer uma história boba hoje, mas para uma criança de quatro anos era o máximo, eu ficava hipnotizada com aquela história e ele, com muita paciência e amor, repetia mil vezes, e me lembro de ficar imaginando a cena do gato tomando o leite e deixando o café. Essa lembrança só me é possível graças ao meu tio estar presente em minha vida.

É exatamente sobre isso que quero te chamar a atenção. Quais os exemplos, moldes, que você quer que seu filho tenha de você? Estou falando aqui em relação a tudo, a todas as áreas da sua vida, financeira, saúde, familiar, carreira, amigos, religião, política, enfim.

Nossos filhos aprendem muito mais pelo exemplo do que pelo que falamos. Temos que avaliar aqui quais são as crenças que queremos que nossos filhos carreguem ao longo de suas vidas. Crenças limitantes ou crenças fortalecedoras?

E você sabe o que são crenças, afinal?

Definição: crença é uma condição psicológica que se define pela SENSAÇÃO DE VERACIDADE relativa a uma determinada ideia a despeito de sua procedência ou possibilidade de verificação objetiva. Pode representar o ELEMENTO SUBJETIVO DO CONHECIMENTO, pois afeta tudo em nossa vida, como criamos os filhos, onde decidimos morar, com quais pessoas nos relacionamos, nosso estado de saúde, o trabalho que fazemos, o dinheiro que ganhamos ou temos e nosso equilíbrio mental e emocional.

Nossas crenças constroem o nosso mundo.

Mas crenças não são "A VERDADE", são apenas percepções que foram feitas como verdade. O que é fantástico sobre as crenças é que podemos mudá-las.

Podemos ESCOLHER acreditar em ideias que apoiam nossos sonhos e visões do que desejamos. PODEMOS MUDAR AS CRENÇAS NEGATIVAS e instalar novas e poderosas ideias.

Aí você deve estar se perguntando, mas como vou fazer para reverter o quadro já instaurado em minha família? Como fazer para me reconectar novamente com meus filhos para torná-los cidadãos éticos, felizes, s e bem-sucedidos?

A primeira coisa que temos que ter em mente é que precisamos dedicar nosso tempo ao projeto mais importante de nossas vidas: NOSSOS FILHOS. São eles que levarão nosso legado.

Mas tempo a que eu me refiro não é tempo em horas, mas, sim, tempo de qualidade, é literalmente estar presente no aqui e agora, mas vale estar uma hora ao lado de seu filho totalmente presente a ele, 100 por cento entregue para aquele momento, do que cinco horas ao lado dele olhando o WhatsApp, entende o que eu quero dizer?

Por exemplo, você já parou para pensar quais qualidades espera que seus filhos levem ao longo da sua vida adulta? Provavelmente você quer o que a esmagadora maioria dos pais quer, que seus filhos sejam felizes, encontrem o emprego dos sonhos, algo que lhes proporcione prazer e propósito, que sejam independentes e bem-sucedidos. Desejam que encontrem os parceiros de seus sonhos e desfrutem de um relacionamento estável e feliz. Agora pare para pensar em quanto tempo você se dedica a desenvolver essas e outras habilidades que acredita serem necessárias à vida de seu filho?

Se você é como a maioria dos pais que passa a maior parte do tempo "tentando sobreviver" a mais um dia, com certeza não está conseguindo criar experiências que ajudem seus filhos a prosperar tanto hoje como amanhã e depois.

E quero aqui deixar claro que não temos que ser nem superpais, muito menos supermães, não somos perfeitos e nem temos que ser, pois somos seres humanos em constante evolução.

Se você se vê dizendo frases ao longo do seu dia como: "Se você não comer tudo não vai ter aquele brinquedo que tanto quer." "Se não passar de ano, o Papai Noel não vai vir te visitar", e assim por diante, temos uma boa notícia para você. Esses momentos das quais você está "tentando sobreviver" são na realidade momentos magníficos, excelentes oportunidades para ensinar seu filho a ser mais independente e próspero.

Você pode estar me achando louca nesse momento, mas reflita um pouco comigo, nem sempre os momentos perfeitos de amor e paz são os mais adequados para ensinar e ter uma conversa significativa sobre como ter mais compaixão ou sobre moral; às vezes, são nos momentos de caos, nos desafios do dia a dia que surgem os melhores momentos para educarmos nossos filhos.

Por exemplo, se ocorre uma discussão entre irmãos, em vez de separarmos e colocarmos em lugares diferentes como geralmente fazemos para interromper a briga, podemos usar a discussão como uma oportunidade de ensinar sobre aprender a ouvir, aprender a respeitar a opinião do outro, saber se comunicar sem agredir o outro, saber negociar, perdoar, abrir mão de determinada coisa em prol de outra. Olha as infinitas possibilidades que podemos ter em uma simples discussão em família?

Claro que no calor do momento não paramos para pensar nessas questões, principalmente naqueles dias tumultuados da qual temos mil coisas para fazer, porém é muito importante pararmos dez, quinze minutos para tratarmos destas questões e criarmos esse tipo de conexão.

Quando passamos a ver os problemas como soluções e oportunidades e não mais como problemas as coisas ficam muito mais fáceis e claras. Passamos a criar inúmeras possibilidades de estarmos mais presentes na vida de nossos filhos, e assim evitarmos que tantas crenças sobre incapacidade, falta de merecimento, desamor se instalem neles.

Topam vir comigo???

A primeira regra que quero deixar claro aqui é que você vai errar, sim, na criação de seu filho e que está tudo bem em relação a isso. Como já disse somos seres humanos em constante evolução e estamos aqui para isso, aprender a sermos melhores e termos consciência disso.

Segunda regra é que se você errar não tenha vergonha em dizer que errou para seu filho, ele precisa saber que você também erra, mas que principalmente reconheceu seu erro e está disposto a corrigi-los.

O que quero que vocês, pais, tenham em mente a partir de agora é criar o hábito de compartilhar com seus filhos suas experiências. Contem a eles como foi o seu dia, o que os aflige, o que sentem, deixem saber o que se passa no seu mundo, isso é muito importante. Estudos mostram que pais que conversam sobre suas experiências com os filhos tendem a recordar melhor as lembranças desses aprendizados. Pais que falam com seus filhos sobre seus sentimentos desenvolvem inteligência emocional, e assim passam a se entender melhor e a entender os sentimentos de seus amigos.

Outra coisa bacana é incentivar seus filhos a enfrentarem seus medos com amor e paciência, por exemplo, crianças tímidas cujos pais alimentaram um sentimento de coragem ao lhes oferecerem explorações solidárias do mundo tendem a perder a inibição comportamental, enquanto os que são excessivamente protegidos ou simplesmente empurrados para experiências causadoras de ansiedade sem o devido apoio tendem a manter a timidez. Uma dica bem legal para timidez pode ser grupos de teatro, escoteiros ou qualquer outro tipo de interação social da qual a criança se sinta bem.

O importante é fazer as crianças exercitarem as diferentes partes do cérebro, tanto o lado direito, que é o límbico, criativo, como o lado esquerdo, que é o racional, e também trabalham juntos formando conexões poderosas.

Em vez de esconder histórias que achamos estressantes ou tristes para nossos filhos, vamos ajudá-los a focar a atenção tanto nos detalhes reais da situação quanto nas emoções da criança, pois assim usaremos os dois lados do cérebro e encontraremos o equilíbrio.

Então, minha proposta aqui é para vocês, pais, criarem essa conexão com seus filhos e aproveitarem momentos que seriam relativamente de estresse em momentos de aprendizado e auxílio mútuo, do qual, como resultado, eles responderão de forma mais emocional, intelectual e social, pois terão mais respaldo para isso, mais segurança e preparo.

Quando usamos nossos dois lados do cérebro nas tomadas de decisões, temos mais equilíbrio e uma compreensão completa sobre nossas emoções, sobre nosso corpo, e assim conquistamos relacionamentos mais fortes e duradouros.

O que quero dizer aqui para resumir é que quando incentivamos nossos filhos a tomar decisões baseadas no equilíbrio entre razão e emoção temos decisões mais assertivas, e isso é algo que temos que construir com eles ao longo da jornada e temos que observar, pois são linguagens sutis que eles nos passam. Por exemplo: sua filha de doze anos briga com sua melhor amiga e diz que está tudo bem, que não quer mais ser amiga dela, porém seu corpo dá sinais não verbais de que não está tudo bem como estremecer os lábios, pálpebras fechadas, olhos marejados.

Podemos verificar claramente que o seu lado esquerdo do cérebro diz "tudo bem, não quero mais ser amiga dela", enquanto o direito está gritando por socorro, porque ela quer ser amiga, sim. O que acontece é que rejeição é um sentimento terrível que ninguém quer sofrer e que dói, aí o cérebro esquerdo joga o direito para escanteio e racionaliza a situação dizendo que está tudo bem, mas na realidade não está e temos que ajudar nossas crianças a passarem por isso, pois lá na frente, na fase adulta, isso irá se refletir em algo deveras negativo para ela de várias maneiras, seja na forma de desvalorização, não saber lidar com suas emoções, não ter autoestima, segurança, dentre outros.

A negação de nossas emoções é o único perigo que enfrentamos quando contamos demais com nosso cérebro esquerdo e racionalizamos tudo.

É muito importante estarmos presentes nesses momentos, acolhermos a criança para que ela sinta que estamos conectados com sua dor, e assim se sentir confiante o suficiente para nos contar o que se passa em sua mente, que sentimentos norteiam seus pensamentos e, com isso, irmos "tratando" esses sentimentos; deixe colocar para fora tudo que perturba, atormenta, sem julgamentos ou recriminações e, depois de ouvir tudo que seu filho tem a dizer, é o momento de juntos encontrarem uma solução para aquele problema, sem julgar, sem brigar, simplesmente pergunte: "Ok, depois de tudo que ouvimos aqui, o que podemos fazer para solucionar este problema? O que pode ser feito para que você e sua amiga façam as pazes?

Simplesmente incentive sua filha a ter atitudes para resolver o conflito, explique que permanecer naquela situação não irá levá-la a lugar algum, só a mais sofrimento, mas com uma boa conversa tudo se resolve. Viu como é simples? E é nesses momentos de caos que podemos ensinar nossos filhos a lidarem com suas emoções e ensinarmos a serem crianças mais equilibradas, seguras e livres de crenças que a limitam, como insegurança, desvalorização, dentre outras.

Nós sabemos que até os sete anos o lado do cérebro mais ativo é o direito, que é o lado límbico, criativo, das emoções; então, eles se expressam por meio de birras, choros, gritos, e em vez de sermos impacientes e brigarmos, que tal acolhermos para verificar o verdadeiro motivo? Pois como o lado racional é pouco desenvolvido, muitas vezes eles não sabem o que fazer ou que atitude tomar, o que gera muita ansiedade para as crianças, e se deixarmos passar cada vez mais vamos criando crenças negativas na cabecinha delas.

E isso podemos estender para tudo, como as questões sobre dinheiro, religião, política, crise, família, relacionamentos, sexualidade. Como abordar essas questões sem colocar caraminholas na cabeça de nossos filhos, sem deixar estabelecer nossos medos e anseios neles. Não deixarmos gerar crenças limitantes em nossos filhos devido aos nossos medos e traumas, que trazemos ao longo da vida.

Temos a oportunidade de criarmos nossos filhos de uma maneira diferente, mais assertiva, mais presente, com amor através do exemplo, muito mais do que das palavras.

Exemplo: quando chegamos ao fim de um dia estressante de trabalho, em vez de só reclamar, vamos mostrar aos nossos filhos o poder da gratidão, vamos contar a eles o quão somos gratos por termos um emprego legal, que nos remunera e nos dá a oportunidade de ter essa vida que temos hoje, a qual o papai e a mamãe estão trabalhando cada vez mais para melhorar; por isso, determinados dias da semana chegamos mais tarde, e assim por diante. Mostre a seus filhos que o trabalho é bom, traz prosperidade e não é um fardo que só traz desgosto.

Da mesma forma em relação ao dinheiro, seja grato por tudo que possui, ensine a seus filhos a serem também gratos, explique a eles que dinheiro é energia e como tal ele circula pelo mundo e que temos que ter prudência e cabeça para lidarmos com ele; que dinheiro é maravilhoso, pois proporciona coisas sensacionais, e que quando ele escuta alguém dizendo que dinheiro é sujo esta pessoa está se referindo à cédula, que passa de mão em mão, pois o dinheiro em si é nosso amigo e devemos respeitá-lo e amá-lo.

Sobre família, ensinar que é a base de tudo, é o alicerce da construção, sem ela não somos nada, precisamos dela para nos fortalecer em todos os momentos de dor e de alegria, que ter amigos é maravilhoso, mas nada se compara a momentos em família. Nossa geração foi desconectada desse conceito e precisamos resgatá-lo; a geração de pais nascidos nos anos 80,90 teve uma criação permissiva demais, e hoje o que vemos é a maioria já no segundo ou terceiro casamento, pois esse conceito de família se perdeu, mas precisamos resgatá-lo urgente!

Parece pouco, parece simples, mas não é. Você tem feito isso com seus filhos? Tem falado com eles sobre esses assuntos? Pode parecer bobagem abordar essas questões nesse momento, já que eles possuem três, quatro, seis ou oito anos, mas não é, pelo contrário, é fundamental falarmos sobre esses assuntos, sobre como nos sentimos perante esses assuntos e deixarmos claro que essa é a NOSSA opinião e que ficaríamos muito felizes em ouvir a opinião deles sem julgamento. Você vai se surpreender com as respostas.

E abordando esses assuntos, além de se conectarem cada vez mais criando laços mais profundos, criam-se oportunidades de estarem presentes com os filhos e poder fazer dessas horas momentos de interação e diversão, montando jogos, por exemplo, para abordar assuntos sérios, porém de uma forma totalmente descontraída.

Quem disse que para falar de assuntos sérios não pode haver diversão???

Referências
SIEGEL, Daniel J.; Bryson, Tina. *O cérebro da criança*. São Paulo: nVersos, 2015.
BECK, Judith S.*Terapia cognitivo comportamental*. São Paulo: Artmed, 2013.

21

Os desafios de constituir famílias mais conectadas na Era digital

Este capítulo aborda estratégias para pais e filhos conviverem de forma conectada, harmoniosa e saudável nesta nova Era digital, sem fragilizar o vínculo familiar. Para isso, convida a uma autoavaliação do comportamento da família em relação ao uso da internet. E propõe caminhos que despertam outros interesses no dia a dia, reequilibrando o tempo e a energia gastos com os mundos online e offline

Rosiane Voidella

Rosiane Voidella

Mãe, palestrante, *master coach* de carreira, idealizadora do programa "Meu futuro eu escolho", onde ajuda pessoas na escolha profissional e desenvolvimento de carreira. *Life coach, practitioner* em Análise comportamental pela Florida Christian University, Coach de pais e filhos, certificada pela Parent Coach Academy do Reino Unido e KidCoach certificada pela Rio Coaching.

Contatos
www.meufuturoeuescolho.com.br
www.rosianevoidella.com.br
rosiane@meufuturoeuescolho.com.br
facebook.com/meufuturoeuescolho
Instagram: rosiane_voidella_coach

Indiscutivelmente, a tecnologia faz parte da rotina atual de nossas famílias. Não conseguimos (e nem devemos) escapar dessa realidade. A internet tornou-se a grande ferramenta da chamada Era digital, trazendo novos desafios com os quais estamos aprendendo a lidar. E a menos que vocês, pais, queiram isolar seu filho dessa poderosa forma de conexão com o mundo externo – o que não seria nada saudável –, será praticamente impossível afastá-lo dos celulares, *tablets*, notebooks, videogames etc...

A pergunta que não quer calar é: como podemos conviver de forma conectada, harmoniosa e saudável nessa nova era, sem fragilizar o vínculo familiar?

Para quem é mãe ou pai, a preocupação se torna ainda maior, pois exige atitude para administrar a quantidade e a qualidade das horas que todos da casa passam interagindo com esse novo mundo – especialmente os menores, que já nasceram digitais.

Sim, o uso sem controle pode levar seu filho a se desinteressar pelo mundo real, diminuindo a vontade de experimentar experiências que só conhecerá ao vivo e a cores. Elas são extremamente importantes para que ele exercite habilidades essenciais à sua jornada, como saber se relacionar sem ser só virtualmente. Isso sem falar nos perigos que as crianças correm ao navegarem por conteúdos inadequados à sua idade, pela falta, muitas vezes, da supervisão de um adulto.

A tecnologia, quando mal usada, afeta negativamente o seu desenvolvimento. O tempo exagerado e compulsivo em frente às telas provoca sedentarismo e ganho de peso, por exemplo. Em outras palavras, trocar o exercício físico pelo sofá com celular na mão é um convite à obesidade infantil. Brincar continua sendo funda-

mental. Além disso, o excesso de vivência virtual favorece:
- Prejuízo do sono. Estudos mostram que um sono de má qualidade interfere na memória e no aprendizado do dia a dia.
- Ansiedade crescente.
- Menos contato com a natureza.
- Problemas de concentração.
- Atrasos no desenvolvimento cognitivo.
- Irritabilidade na ausência de contato com as telas.
- Dificuldade de interpretar textos, fazer associações e outros aprendizados.
- Afastamento de familiares e de outros convívios humanos.

Não é que a internet seja a grande e única vilã da perda do vínculo familiar e do desenvolvimento infantil. Necessitamos dela, pois nos ajuda a acessar uma infinidade de informações, nos conecta ao mundo e (por que não?) nos diverte.

Moderação é a palavra-chave. Os pais têm o papel fundamental de criar um bom equilíbrio de tempo na rede, para garantir que nossas crianças tenham outras atividades (ao ar livre, por exemplo) que trabalhem o corpo e o seu emocional. Além de atividades nas quais elas se integrem de forma saudável com a família, outras crianças e a sua comunidade. Falando, ouvindo, tocando, abraçando, sentindo cheiros, rindo junto, estendendo a mão para ajudar... Enfim, aprendendo a ter mais empatia e melhoria contínua em seus processos de amadurecimento e relacionamentos interpessoais.

Como ainda não inventaram um manual universal para um convívio harmonioso, cabe aos pais a tarefa de estabelecerem limites saudáveis ao acesso a tantos dispositivos móveis presentes na vida de seus pequenos. Não é proibir, e sim encontrar a melhor forma de conciliar o melhor da tecnologia com outras necessidades e prazeres da sua rotina familiar.

Mencionando "rotina familiar", é importante que os próprios pais façam uma autoavaliação sobre a qualidade e a quantidade de tempo que andam dedicando às tais tecnologias sem ser para trabalhar. Isso porque a recomendação do uso saudável não cabe somente aos pequenos.

Infelizmente, observamos que muitas famílias estão enfraquecendo o vínculo familiar ao se deixarem levar pela atratividade excessiva da tevê ou por ficarem cada um em seu mundo particular, por meio do celular. Será o seu caso?

Para ajudar nessa autoavaliação, que deve ser feita por pai e mãe separadamente, selecionei vinte questões, baseadas no Teste de Dependência à Internet (IAT – Internet Addiction Test). Cada um deve refletir sinceramente sobre como está seu grau de dependência das mídias digitais, respondendo às perguntas a seguir usando a seguinte escala:

- Assinale 0 para responder **NÃO SE APLICA.**
- Assinale 1 para responder **RARAMENTE.**
- Assinale 2 para responder **ÀS VEZES.**
- Assinale 3 para responder **FREQUENTEMENTE.**
- Assinale 4 para responder **GERALMENTE.**
- Assinale 5 para responder **SEMPRE.**

Ao final, pai e mãe devem somar os pontos e comparar seu resultado com a descrição existente no final do teste.

1. Com qual frequência você passa mais tempo online do que pretendia? 0 – 1 – 2 – 3 – 4 – 5
2. Com qual frequência você negligencia as tarefas domésticas para passar mais tempo online? 0 – 1 – 2 – 3 – 4 – 5
3. Com qual frequência você prefere a emoção da internet à intimidade com seu/sua parceiro(a)? 0 – 1 – 2 – 3 – 4 – 5
4. Com qual frequência você faz novas amizades com usuários online? 0 – 1 – 2 – 3 – 4 – 5
5. Com qual frequência pessoas do seu convívio se queixam da quantidade de tempo que você passa online? 0 – 1 – 2 – 3 – 4 – 5
6. Com qual frequência altera o rendimento de seus afazeres por causa da quantidade de tempo que você passa online? 0 – 1 – 2 – 3 – 4 – 5
7. Com qual frequência você checa e-mails antes de qualquer outra coisa que precise fazer? 0 – 1 – 2 – 3 – 4 – 5
8. Com qual frequência seu desempenho ou produtividade no trabalho sofre por causa da internet? 0 – 1 – 2 – 3 – 4 – 5
9. Com qual frequência você fica na defensiva ou guarda segredo quando alguém lhe pergunta o que você faz

online? 0 – 1 – 2 – 3 – 4 – 5
10. Com qual frequência você bloqueia pensamentos perturbadores sobre sua vida com pensamentos leves da internet? 0 – 1 – 2 – 3 – 4 - 5
11. Com qual frequência você se pega pensando em quando vai entrar online novamente? 0 – 1 – 2 – 3 – 4 – 5
12. Com qual frequência você teme que a vida sem a internet seria chata, vazia e sem graça? 0 – 1 – 2 – 3 – 4 – 5
13. Com qual frequência você se irrita, grita, se incomoda com alguém enquanto você está online? 0 – 1 – 2 – 3 – 4 – 5
14. Com qual frequência você dorme pouco por ficar navegando até tarde da noite? 0 – 1 – 2 – 3 – 4 – 5
15. Com qual frequência você sente ansiedade para estar online ou fantasia que está online? 0 – 1 – 2 – 3 – 4 – 5
16. Com qual frequência você se pega dizendo "só mais alguns minutos" quando está online? 0 – 1 – 2 – 3 – 4 – 5
17. Com qual frequência você tenta diminuir a quantidade de tempo que fica online e não consegue? 0 – 1 – 2 – 3 – 4 – 5
18. Com qual frequência você tenta esconder há quanto tempo está online? 0 – 1 – 2 – 3 – 4 – 5
19. Com qual frequência você opta por passar mais tempo online em vez de sair com outras pessoas? 0 – 1 – 2 – 3 – 4 - 5
20. Com qual frequência você se sente deprimido(a), mal-humorado(a) ou nervoso(a) por estar offline, e esse sentimento vai embora assim que volta a se conectar? 0 – 1 – 2 – 3 – 4 – 5

Resultado:

Menos de 20 pontos – Você usa pouco a internet, parece ser bem ocupado(a) ou ter outros interesses prioritários.

Entre 20 e 49 pontos – Você é um usuário médio da internet. Pode ser que, às vezes, surfe um pouco demais na web, mas tem controle sobre seu uso.

Entre 50 e 79 pontos – Você tem enfrentado problemas ocasionais ou frequentes por causa da internet. Vale a pena avaliar o impacto disso em sua vida.

Entre 80 e 100 pontos – O uso que faz da internet está provocando problemas significativos em sua vida. Você deve avaliar o nível de impacto e encarar os problemas causados diretamente por seu uso.

Importante: vocês podem adaptar as vinte perguntas e refletir em relação ao dia a dia de seus filhos. Seguem alguns exemplos:
1. Seu filho passa mais tempo com amigos virtuais ou reais?
2. Em festas e passeios com a família, ele insiste em usar o celular ou aproveita para interagir com as outras crianças?
3. Ele fica mais do que duas horas por dia usando aparelhos eletrônicos?
4. Você precisa "negociar" o uso do celular para que ele se comporte em lugares públicos?
5. Seu filho insiste em levar o celular para a escola e prefere usá-lo na hora dos intervalos em vez de interagir com seus amiguinhos?
6. Seu filho reclama e não aceita quando você propõe um passeio ou uma brincadeira nova no lugar do seu joguinho eletrônico?
7. Ele reclama de dores de cabeça pelo excesso de horas na internet?
8. Por acaso se mostra uma criança agressiva durante ou depois de usar seus joguinhos preferidos?
9. Nas conversas, só gosta de falar dos jogos, aplicativos e programas virtuais que acessa?

Depois de analisar as indagações acima, chegaram juntos à conclusão de que o filho de vocês está fazendo uso excessivo das ferramentas online? O melhor a fazer é redefinirem as regras que estipularam em casa, e em concordância. Talvez seja a oportunidade para pais presentes e atentos ajudá-lo a encontrar o equilíbrio entre o mundo online e o offline. Estejam conscientes de que o perigo do vício é real e que ultrapassar o limite saudável é fácil, a menos que haja a preocupação dos adultos de promoverem um tempo de qualidade familiar.

Mas como ter tempo de qualidade familiar?

Com a correria do dia a dia, muitos pais se lamentam e sentem-se culpados pela falta de tempo para estarem com a família. Vocês se ressentem desse desequilíbrio e acham que seus filhos estão se distanciando gradativamente, preferindo a companhia de tevê, celular, joguinhos? E não sabem nem por onde começar para mudar essa realidade? Comece por aqui...

Uma reflexão muito usada nos processos de *coaching* é esta: o que podemos realizar nos próximos sete dias que fará diferença e poderá aumentar a qualidade de nossa rotina familiar? Essa reflexão é uma dica da Lorraine Thomas, diretora executiva da The Parent Coaching Academy, do Reino Unido, que tive o privilégio de conhecer pessoalmente em seu 1º Workshop em *coaching* para pais, aqui no Brasil, em 2016.

Lorraine reforça que são nos momentos de qualidade em família que temos a oportunidade de construir uma base forte e uma conexão saudável: educando, ensinando valores e preparando nossos filhos para o mundo. Porém, é importante entender que essa relação entre pais e filhos é construída no dia a dia, não apenas em passeios esporádicos, como compensação por algum comportamento positivo ou prêmio por notas altas na escola.

Não podemos esperar, é claro, que os pequenos simplesmente se desapeguem dos aparelhos eletrônicos e, num passe de mágica, se sintam mais conectados ao mundo offline. Pai e mãe terão trabalho, sim, e precisarão estar comprometidos em fazer dar certo, entendendo que muitas vezes deverão iniciar o processo mudando os próprios hábitos em relação à internet!

A seguir, vocês terão acesso a várias ideias, incluindo formas de trabalhar utilizadas dentro de processos de *coaching* de pais, que compartilham o que mais deu certo com as famílias e quais foram as lições aprendidas durante esse processo. Mas tenha em mente que essa rotina sempre precisará ser construída (não existe fórmula pronta que sirva a todos) e/ou adaptada para sua família, que é única. Então, mãos à obra!

Coloquem limite no tempo de acesso à tevê, computador, jogos eletrônicos. Definam o tempo exato de acesso por dia e sejam determinados a seguir esse combinado. Estudos mostram que o tempo máximo de uso diário não deve ultrapassar duas horas. O exemplo também pode começar por vocês: desliguem os eletrônicos e deixe o telefone para depois, resista ao ler os textos ou e-mails só por terem acabado de chegar.

Outra opção também bastante eficaz, segundo Lorraine Thomas, é bloquear as distrações das mídias sociais e remover o aviso de mensagens instantâneas, caso sintam que isso hoje os prejudica de alguma forma. A maioria dos pais disse em pesquisas que controlar o tempo em que estão conectados teve um impacto significativo na família.

Façam refeições em família. Sempre que possível, reúnam-se com os filhos à mesa e aproveitem para tornar esse momento, de fato, especial. Segundo o médico e escritor Içami Tiba, em seu livro Quem ama, educa!, "os pais devem olhar no fundo dos olhos da criança como se a ouvissem com os olhos". Cada um deve ter seu tempo de falar sem ser interrompido. Para demonstrar interesse, façam perguntas sobre como foi o dia das crianças, incentivando-as a contar algo muito bacana ou divertido que tenha acontecido ou que aprenderam.

Acima de tudo, procurem descobrir como elas se sentem, mas sempre de maneira prazerosa para ser uma troca familiar saudável. Convém evitar falar de temas polêmicos ou pesados; e muito menos fazer cobranças (de notas na escola ou de arrumação do quarto, por exemplo) nessas ocasiões descontraídas, em que as emoções positivas devem falar mais alto. Procurem também deixar a televisão desligada e manter demais aparelhos fora de alcance dos olhos dos pequenos.

Naveguem com seu filho no mundo virtual dele. Segundo Lorraine, é muito importante que os pais envolvam as crianças na criação das regras familiares, cuidando para que todos se mantenham fiéis a elas. Conversem com eles e estejam sempre atentos aos aplicativos que os pequenos estão baixando. Vocês podem inclusive jogar e brincar junto. Em suma, orientem seu filho, ensinem estratégias, para que ele navegue com segurança. Faça parte do mundo do seu filho.

Priorizem o tempo que passam com seu filho e tenham momentos inesquecíveis em família. Criem atividades que vocês possam fazer juntos: por exemplo, pipas bem coloridas, um carrinho ou casinha, montar um quebra-cabeça, inventar um lanche especial usando a criatividade e o que encontrarem na cozinha, guerra de água ou de travesseiros. Se prometeram levar o filho a um parque para andar de bicicleta, cumpram. Combinaram de construir juntos alguma casinha nova para o cachorro? O importante é sempre finalizarem um projeto, mesmo que, dependendo da ideia, demorem alguns dias. Não deixem nada pela metade, dando um bom exemplo de perseverança ao filho.

Estipulem o dia da família. Combinem e estipulem um dia específico da semana ou do mês para ser chamado de "Dia da família". Nele, irão se reunir e curtir a manhã e a tarde juntos. Podem escolher uma nova experiência, como visitar uma cachoeira próxima da sua cidade. Ou, então, realizar um programa que seja do interesse de todos, como ir àquelas salas de cinema VIP com sofazão ou fazer um passeio pela ciclovia, parando depois para comer numa praça de *foodtrucks*. Vale usar a imaginação. O importante é sentir que estarão todos conectados. Divirtam-se, por exemplo, com jogos de tabuleiro e ensinem as brincadeiras de que gostavam na infância.

Façam passeios ao ar livre. Não deixem para fazer passeios somente nas datas em que vão comemorar o "Dia da família".

Procurem sempre fazer exercícios físicos juntos, andando de bicicleta, praticando algum esporte, jogando bola ou realizando uma simples caminhada. Planejem passeios em zoológicos, piqueniques no parque, patinação, mas sempre sem imposições. Incluir seu filho nas ideias fará com que ele se sinta parte desse planejamento, o que, com certeza, o deixará muito mais acessível e motivado.

Lembrem-se de que é possível criar filhos em uma família conectada com a realidade atual, ainda com os desafios dessa Era digital. Mas sem nunca abrir mão de estabelecer laços fortes de amor, afeto, carinho e atenção. Com essa preocupação em mente, traduzida por práticas de controle dos excessos, os pais constituem um lar envolto em harmonia e equilíbrio. E mais: deixam como legado pessoas melhores para um mundo melhor.

Referências
TIBA, Içami. *Quem ama, educa! Formando cidadãos éticos.* São Paulo: Integrare Editora, 2012.
TIBA, Içami. *Pais e educadores de alta performance.* 2. ed. São Paulo: Integrare Editora, 2012.
SIEGEL, Daniel J.; Bryson, Tina. *O cérebro da criança.* São Paulo: nVersos, 2015.

22

Seu filho estudou? Como fazer com que ele queira aprender mais e melhor

Neste capítulo, os pais vão encontrar estratégias valiosas para alcançarem sucesso e harmonia nos necessários momentos de estudar com o filho. Com isso, ele irá transformar a típica resposta "estudar é muito chato, eu tenho que fazer isso?" em motivação, no melhor estilo "é muito legal eu saber um pouco mais disso". Dá, sim, para criar uma rotina de estudos saudável, estimulante e até divertida

Tacyana Tavares

Tacyana Tavares

Diretora administrativa e financeira de uma grande empresa de Telecom do Paraná. Participou do *workshop* com a *expert* internacional Lorraine Thomas, em 2016. Tem bacharelado em Ciências contábeis pela FAE – Business School (1997-2003), MBA em Administração financeira, também pela FAE – Business School (2004-2005). Depois, fez MBA em Gestão empresarial (2010-2011). Suas formações em *coaching*, iniciadas em 2016: Programa *coach* sem limites, com Otavio Castanho; Programa profissão *coach*, com Geronimo Theml; *Kids coaching*, com Marcia Belmiro; e *Personal & professional coaching*, pela Sociedade Brasileira de Coaching.

Contatos
coachtacyanatavares@gmail.com
Facebook: Coachtacyanatavares
(41) 98426-7716

A primeira reflexão importante quando falamos de estudo dos filhos é que esse aprendizado começa pelos pais. Mas fiquem tranquilos, pois vocês não precisarão voltar para a sala de aula. O papel dos dois é essencial dentro de casa, principalmente.

Minha mais intensa experiência é sendo mãe da Giovana, filha única do meu primeiro casamento, nascida em 2006. Posso dizer que os valiosos aprendizados com os cursos de *coaching* estão me ajudando a reorganizar a vida escolar da minha pequena. E quero contribuir para que mais crianças aprendam mais e melhor, assim como para a promoção da harmonia de sua família em relação aos estudos.

Hoje (e sempre) uma das preocupações dos pais é encontrar a melhor forma de ajudar os filhos a terem sucesso nos estudos. Justamente por isso precisam se envolver na vida escolar, estabelecendo rotinas e buscando novos caminhos para que não se torne cansativa, chata e sem graça. E dá para transformar essa atividade necessária em momentos prazerosos, especialmente na primeira fase do fundamental, quando a criança está minimamente alfabetizada e começa a ter disciplinas formais, lições de casa e provas.

Os adultos conscientes que escolheram ter filhos devem estar dispostos a partilhar um pouco de seu tempo e energia com seu maior bem. Quando encorajamos a fazer ou aprender coisas apropriadas à sua idade, o filho recebe isso como incentivo à autoconfiança. Desenvolve recursos nos quais poderá se basear para enfrentar os obstáculos que virão. Importante: muitos pais melhoram seus relacionamentos e comunicação só de estabelecerem uma rotina de estudo saudável.

Na divertida pré-escola, tudo corria bem. A dificuldade da criança e dos pais se evidencia quando estudar vira "coisa séria" e exige cumprir tarefas, atingir patamares de notas, seguir materiais didáticos, fixar os conteúdos apresentados em sala de aula. E o ideal é que essa participação mais próxima dos pais aconteça no início do fundamental, para que, lá pela metade do fundamental 2, o filho consiga deslanchar com autonomia e responsabilidade. Porque já treinou como fazer, aprendeu a estudar, tem sua rotina e já se conhece melhor para saber como rende mais.

O emocional dos pais conta demais

Eu trabalho o dia inteiro, principal motivo para minha filha frequentar escolas de período integral. Mas sei que, se eu estiver bem emocionalmente no fim do dia, isso vai se refletir no estudo em casa da Giovana, que chamo carinhosamente de Gi. Precisamos estar dispostos a ensinar como estudar ou no mínimo criar uma atmosfera emocional favorável.

Pais, já experimentaram se perguntar como estão estudando com seu filho? Dão oportunidade a ele de pensar e de errar, tentar de novo até acertar? Se vocês estiverem apressados e impacientes, deverão falar "vamos, vamos, estude, estude", sem se conectarem com o tempo, a vibração e as necessidades da criança. O ritmo infantil deve ser levado em conta. E não o contrário.

Digo isso porque há filhos mais independentes, outros não. A Gi pede "Mãe, senta aqui", "Estuda comigo agora?" O livro O *cérebro da criança*, de Daniel J. Siegel e Tina Bryson, alerta que a qualidade de tempo que dedicamos aos filhos importa mais que a quantidade de tempo disponível. Por isso, coloquei na cabeça que era melhor trinta minutinhos de dedicação total a ela do que uma hora, mas checando meus e-mails a cada cinco minutos. Quando os pais têm um perfil mais estudioso, gostam de ler, os filhos tendem a acompanhar. Só que cada vez menos os adultos têm tempo para eles próprios de aprimorar seus conhecimentos!

Mesmo assim, é possível tornar o estudo mais prazeroso, aliviando aquela angústia no estilo "Meu Deus, tem que estudar matemática agora", que é tão comum a pais e filhos. Aprender, fixar a tabuada fica divertido se os pais acrescentarem uma brincadeira no final, que ajude a criança a absorver os resultados. Por exemplo, a velha e boa tabuada cantada (há sites com melodias inspiradoras, acredite).

Se os pais prenderem a atenção do filho com alguma surpresa ou desafio, vão deixá-lo mais interessado naquilo que está fazendo. Isso porque, quanto mais acertar as contas, os cálculos, os probleminhas de matemática, mais essa brincadeira ficará gratificante no final. Funcionou com a minha filha, que disse a frase que eu queria ouvir:

– Mãe, agora eu gosto de estudar.

No início, a Gi torcia o nariz para ciências. Introduzi perguntas com a brincadeira de estourar balões (vou detalhar nas próximas páginas). Ela dá risada, fica curiosa pela próxima questão, comemora quando acerta a resposta. Para estudar relevos, simulamos montanhas altas e baixas com isopor. Criamos músicas envolvendo características dos planaltos e planícies.

Prazer e diversão na hora de estudar têm a ver com trazer uma aura de encantamento capaz de contagiar pais e filhos. Menos ansiedade para os pequenos, menos irritação para os grandes. Mais compartilhamento de afeto e conhecimento a ambos os lados. Esse filho vai conseguir se desenvolver, só que por outro caminho.

Por causa da realidade competitiva em que vivemos, a nossa geração de pais é bastante ansiosa, dona de uma expectativa gigante de obter resultados rápidos para tudo. Talvez estejamos despejando essa ansiedade nos pequenos. Se o filho erra as contas hoje será um adulto fracassado? Ao perceber tal cobrança, ele fica angustiado por dentro.

Por sugestão da psicóloga da minha filha, fixei em uma parede do seu quarto três bolinhas: verde, amarela e vermelha. Daí, pergunto antes de estudarmos, na ida ou na volta da escola:

– Gi, com qual cor você se parece hoje?

Se ela me responde verde, significa que está tranquila. Se diz que está mais para a amarela, sinaliza que se sente incomodada com algo que aconteceu nas últimas horas. Vermelha? Está bem irritada – e pode ser com qualquer coisa. Certa vez, era porque a amiga havia combinado de ir ao cinema com ela, mas foi com outra pessoa. Seu veredicto:

– Estou na bolinha vermelha. Não consigo estudar agora.

– Então vamos fazer outra coisa. Que tal darmos uma volta com o cachorro pelo nosso condomínio?

Na volta, quando perguntei de novo, ouvi:

– Agora eu estou na bolinha verde. Vou pegar o material da escola.

O que eu fiz: dei valor ao sentimento da minha pequena e ajudei a aliviar sua dor. Com essa estratégia, favoreço ainda que reconheça suas emoções e lide com elas.

Conhecendo o estilo e personalidade do seu filho

Entre os problemas que estão dificultando essa parceria pais/filhos na hora de estudar, destaco mais estes:
- Forte cobrança para a criança ser a melhor da sala. Isso pode travar seu desenvolvimento.
- Dificuldade de concentração por causa do excesso de estí-

mulos. Há tentação de ficar nas redes sociais, teclar nos grupos no aplicativo, ver vídeos no YouTube... Para o seu filho, celular é tudo (meio de comunicação, diversão, informação, estudo), e os pais tem de encarar essa realidade.
- A agenda de algumas crianças parece mais lotada que a de executivos. Quando os pais são separados, então, pode criar um cansaço desnecessário se o filho fica daqui pra lá e de lá pra cá, e ainda esquece parte de material escolar na casa de um ou do outro.
- Nem sempre o conteúdo e a forma de ensino estão apropriados à idade da criança. Existe uma coisa de acelerar o aprendizado sem que exista maturidade para que ela responda à altura.
- Incompreensão da maneira como a criança se sente mais confortável para estudar. Ele gosta mais de gravar no celular o que os professores dizem para ouvir de novo em casa? Ou prefere ler e reler?

A propósito, descobri como minha filha prefere estudar quando estudei programação neurolinguística (PNL). Em breves palavras, essa metodologia ensina que cada um se diferencia na forma como seu cérebro capta, processa e expressa as informações. Alguns se guiam mais pelo meio visual, outros pelo auditivo. Ou ainda pelas sensações.

As crianças também têm seu meio preferencial, eu descobri que o da Gi é pelas sensações. Se ela fosse visual, aprenderia melhor escrevendo. Auditiva? Assimilaria melhor ouvindo ou lendo. Quem tem o canal cinestésico mais desenvolvido, como ela, precisa sentir-se confortável com seu corpo para aprender melhor. Não gosta de ficar imóvel numa cadeira e não precisa escrever para memorizar. Ver e ouvir não bastam para aflorar seu processo cognitivo.

É por isso que a Gi estuda mexendo no cabelo, na caneta. O segundo canal preferencial dela é o auditivo, então gosta de falar, gravar e se ouvir (ou me ouvir). Há vários sites com explicações; e até testes na internet que eu fiz para conhecer melhor minha filha e constatar que sua movimentação não tira a concentração.

Contar e escrever as histórias

Com seis anos, a escola da minha filha exigia que ela terminasse o primeiro ano do fundamental produzindo textos de cinco linhas. De fato, ela tinha amiguinhos que escreviam bem.

Mas o olhar não poderia ser generalizado. Fui conversar com a coordenadora e explicar que aquilo estressava a Gi. Ouvi que fazia parte do contexto atual educacional.

Para resolver minha ansiedade, mudei a menina de escola. Depois de estudar *coaching*, adotei uma solução melhor: trabalhar mais a escrita em casa com a menina. Contava, por exemplo, sobre a Branca de Neve e pedia que ela escrevesse o que entendia da história com suas próprias palavras. A mesma técnica vale para músicas – especialmente para crianças que gostam de cantar, como a minha filha. Nós escolhemos algumas mais clássicas. Depois, ela escreve o que entendeu da letra.

Estratégias para o estudo ficar mais prazeroso e com qualidade

Além das sugestões que partilhei até aqui, selecionei mais estas:

Combinar os horários de estudar com a rotina da casa. Minha filha faz prova uma vez por semana, então montamos juntas a agenda de estudo. Se tem um aniversário, negociamos. Quando surge uma viagem de fim de semana, combinamos trinta minutos de revisão do conteúdo nas três noites anteriores ao sábado. Boa oportunidade de treinarmos administração de tempo! A criança deve se envolver nessa decisão, comprometendo-se a saber quando parar de brincar para almoçar, descansar, fazer lição. O melhor é que ela se percebe capaz de escolher a hora de estudar. Fazer esses acordos melhorou o desempenho da Gi na escola.

Falar sobre a importância de aprender. Relacionem seus dias de escola com suas conquistas profissionais. Eu falo muito sobre tudo o que alcancei até hoje e que é possível ter mais vitórias. Uma vez, a Gi me perguntou se eu daria o meu trabalho a ela quando me aposentasse. Respondi que se ela estudar com vontade, como a mãe fez, vai conseguir ter um trabalho tão bacana quanto o meu ou ainda melhor.

Explorar recursos artísticos e culturais. Pai e mãe, que tal montarem teatrinhos sobre os assuntos a estudar? Ou músicas ou histórias? Soltem a criatividade e o medo de pagar mico, propondo experiências divertidas. Além disso, levem menos os filhos a lanchonetes e lojas, mais a museus, feiras de livros, exposições, aquário. Saber que o conteúdo aprendido em sala de aula pode ser encontrado em ambientes não escolares dá sentido e propósito ao que a criança está aprendendo, além de instigar sua curiosidade. Fizemos uma viagem de férias para a

Argentina e escolhemos ir ao planetário. Foi show!

Confiar no poder da recompensa. Ao perceberem que a criança se esforça e se dedica, premiem com um passeio, livro novo, piquenique. Evitem recompensá-lo com dinheiro (ou presentes caros) para não mercantilizar a proposta. É mais uma recompensa sentimental ou ligada a prazeres simples, como fazer um bolo. Isso é diferente de barganhar. Não é troca de favores, que condiciona da forma errada.

Motivar com brincadeiras conectadas ao estudo. Topam brincar de balões de estudo? Encham bexigas, colocando dentro perguntas sobre o conteúdo em questão. Daí, definam uma regra para estourar. Por exemplo, a cada cinco acertos o pai ou a mãe desafia o filho a responder uma pergunta. Sabendo a resposta, a vibração é geral. Não sabendo, pode haver um "pagamento" simbólico como pular num pé só. A criança vai se empolgar com a matéria estudada e com seus acertos; e os pais garantirão momentos prazerosos ao lado do filho, aliviando a "obrigação".

Por fim, quatro dicas preciosas
1. Reconheça o esforço! Quando minha filha fez sete ou oito dentre as dez questões da lição, reagi positivamente em vez de recriminá-la, parabenizando pela parte realizada:

– Mas eu não vou tirar nota dez – ela respondeu, resignada.

– Olha só, você acertou oito questões.

– Mas, mãe, você não quer que eu tire sempre nota dez?

– Filha, realmente esse é o sonho de todos os pais. Só que tirar sempre dez não quer dizer que uma pessoa vai ser feliz e bem-sucedida na vida. Mais importante é saber que você está procurando melhorar a cada dia, querendo acertar.

O melhor aluno e futuro profissional é somente quem tira sempre dez? Acertar 80 por cento tem valor. Devemos cuidar apenas para não passar à criança a mensagem inversa, de que qualquer nota está valendo. Os acertos precisam ser mais ressaltados que as falhas, como estímulo a um desenvolvimento crescente, à superação.

Buscar excelência é diferente de se cobrar perfeição. É como se os pais tivessem uma cordinha e fossem avaliando quando puxar mais, quando soltar mais, buscando um equilíbrio para não exigir da criança nem menos nem mais do que ela pode dar naquele momento. Para isso, esses pais precisam estar presentes, conectados, conscientes do movimento que estão fazendo com essa cordinha, para ela não arrebentar. Isso vai ajudando a construir a autoconfiança, enquanto o contrário só derruba. E ninguém, nem os pais, fazem tudo perfeitamente sempre!

2. Desafie a criança a descobrir onde está errando. No curso de *coaching* para pais, também aprendi que usar a ferramenta do desafio ajuda a alavancar a força interior da criança para ir mais longe. Para dar um exemplo, minha filha levantava da cama apressada, vestia o uniforme da escola... mas sempre faltava calçar o par de tênis. Eu reclamava. Até que fiz diferente:

– Giovana, você está quase pronta. Como está linda! Vamos para o carro?

– Ainda não, mãe.

– Por quê? Eu desafio você a descobrir o que está faltando?

– Pôr o tênis.

Ela sabia e corrigiu essa falha que causava o atraso. As crianças gostam de ser desafiadas. Agora, ela se arruma dos pés à cabeça e me desafia também:

– Estou pronta, mãe. Antes de você.

3. Estimule sua autonomia não ficando o tempo todo do lado. Mas esteja disponível caso a criança precise sanar dúvidas. Eu sei quanto é duro conter a mania de querer responder e agilizar o estudo. Depois do curso de *coaching* para pais, passamos a combinar quantas páginas a Gi estudaria por dia. Eu ficava no mesmo ambiente, mas fazendo as minhas coisas. Até hoje, quando completa seus exercícios, quer me mostrar. E eu apenas incentivo a revisar se percebo algo errado. Ou ela corrige sozinha ou me promete pedir à professora no dia seguinte uma nova explicação.

Depois que ela entende, me conta que aquilo não era tão difícil. Eu vibro:

– Que bom. Me ensina? – Dessa forma, faço com que ela reforce o conteúdo aprendido e sinta orgulho de si mesma. Não por acaso, as professoras têm elogiado o fato de a Gi fazer perguntas, expor suas dúvidas, querer compreender.

4. Nunca diga que seu filho não sabe tal assunto ou conteúdo. Para tirar da palavra "não" a conotação de incapacidade, o ideal é acrescentar "ainda": "você ainda não consegue fazer isso, mas vai estudar, tirar as dúvidas, entender e aprender". Eu tirei muito a negação da minha rotina, e isso colaborou para a Gi também parar de dizer tanto que não pode, não sabe... São crenças limitantes, e podemos lembrar o filho de que é capaz de agir no presente para mudar o futuro. A dificuldade de hoje pode ser a facilidade de amanhã, se atuarmos no potencial infantil, tão poderoso, de absorver conhecimento.

Referências
SIEGEL, Daniel J.; BRYSON, Tina. *O cérebro da criança*. São Paulo: nVersos, 2015.
SANTOS, Santa Marli Pires dos. *O brincar na escola*. Petrópolis: Vozes, 2014.
HORN, Cláudia Inês; VIDAL, Fernanda Fornari; SILVA, Jacqueline Silva da; POTHIN, Juliana; FORTUNA, Tânia Ramos; SANTOS, Vera Lúcia Bertoni dos. *Pedagogia do brincar*. Porto Alegre: Mediação, 2014.

23

Lidando com as emoções entre irmãos

Este capítulo traz a ideia da importância de sermos verdadeiros com nossos filhos, permitindo que eles conheçam nossos sonhos, decepções e nossas emoções, só assim ajudaremos a lidarem com suas emoções falando como se sentem e identificando como o outro se sente, intensificando o vínculo de união e fortalecendo o elo de amor entre os irmãos

Te Moraes

Te Moraes

Terezinha Moraes dos Santos, cristã, esposa, mãe do Vanderson e do Tiago e profissional apaixonada pelo ser humano. Nasceu para aprender e ensinar. Construiu sua carreira como professora ensinando por 21 anos no Rio Grande do Sul (Soledade, Tunas, Osório e Capão Novo) e 14 anos em Hong Kong, ensinando português para executivos que tinham negócios no Brasil ou trabalhavam em empresas brasileiras, como Vale, Itaú, BTG Pactual. Idealizou e desenvolveu o projeto: Aprenda a falar português brincando com a tia Te, para crianças, filhos de mães brasileiras e pais estrangeiros em que a primeira língua não era o português em casa. Psicopedagoga clínica e institucional, MBA em gestão de RH, consultora de imagem e *master coach* em imagem formada pela France Image Coaching. Kid coach formada pela Rio Coaching e certificada pela The Parent Coaching Academy (Reino Unido) em *Coaching* para pais. Como *kid coach, coach* e palestrante, acredita que sua missão é ajudar as pessoas, em especial, crianças, pais e professores a terem uma vida mais feliz e serem cada dia a sua melhor versão!

Contatos
contato@temoraes.com
www.facebook.com/tmconsultorias/
(43) 99133-1509

Nós, pais, somos referência para nossos filhos, servimos de modelo para eles, somos observados o tempo todo. Eles observam nossas ações, nossas reações, temores, medos, desapontamentos e, acima de tudo, nossas emoções.

Precisamos ser transparentes e ter a humildade de admitir que erramos e que podemos aprender com nossos erros.

Nossos filhos podem conhecer nossos erros e entender que podemos crescer com os fracassos, nos tornarmos mais experientes e mais fortes.

As crianças devem ser ensinadas a encontrar alegria nas pequenas coisas como no desabrochar de uma flor, no canto de um pássaro, na brincadeira com um amigo, num beijo de quem ama, no obrigado de alguém.

Augusto Cury, no livro O vendedor de sonhos - O chamado escreve: "levem seus filhos para os bosques! Tirem seus sapatos, deixem-nos andar descalços na terra! Levem-nos para subir em árvores, estimulem-nos a inventar suas brincadeiras".

Nossos filhos precisam ser treinados para serem bons observadores. Passeie pelos campos ou pelos jardins, ensine a apreciar a natureza, mostre as diferenças das flores, sintam seus perfumes, observem o bailar de uma borboleta, o desenvolvimento de uma planta. Contemplem com seus olhos a beleza que está a sua volta.

Devemos contar nossa história, dialogar com eles, conquistá-los pelo afeto, carinho, amizade, doação e não pelo dinheiro, poder ou autoridade.

Emoções trabalhadas na chegada de um novo irmão

Necessitamos ter um cuidado especial com a chegada de um novo irmão, preparar a criança para o evento, contar histórias, falar que este bebê que vai nascer está vindo para ser seu amigo, companheiro, para brincarem e crescerem juntos.

A criança precisa estar preparada, o irmãozinho não vai chegar de paraquedas. Ela precisa se sentir envolvida desde o começo da gravidez. A começar pelos preparativos para a chegada do bebê, permitindo que seu primogênito participe, fale da importância de comprarem um berço ou caminha para o bebê porque ele vai precisar de um local para dormir, assim como o próprio primogênito já tem. Fale que o bebê precisará de roupas para se aquecer, que vai precisar tomar leite, que vai ser alimentado com um leite gostoso vindo das mamas da mamãe, e que o bebê, quando novinho, como não sabe falar e dizer o que sente, a forma de se comunicar será às vezes, chorar... A forma de o bebê pedir algo é por meio do choro. Quando o bebê chora, a mensagem que está transmitindo é: eu necessito de...

Procure demonstrar amor pelo seu filho mais velho, beije-o, abrace-o, brinque e permita que ele acaricie sua barriga, que possa falar com o bebê, que vocês possam tirar sonecas juntos e depois, quando o bebê nascer, os três possam tirar sonecas em grupo.

Integre seu filho em atividades simples, como: pegar um guardanapo para a mamãe, guardar um brinquedo na caixa, alcançar o shampoo que está na cômoda. Inclua seu filho mais velho na rotina da criança... Sugerir que escolha uma roupa para ele e para o irmãozinho vestirem, para juntos irem passear. Essas pequenas ações permitem que o irmão mais velho se sinta importante, esperto, útil e especial tanto para os pais, quanto para o bebê.

Encontre um momento do dia para estar com seu filho mais velho. Lembrando que o importante não é a quantidade de tempo, mas sim a qualidade do tempo enquanto estiverem juntos. Permita que ele escolha o que quer fazer. Diga a ele: "A mamãe dispõe de uma hora para estar com você e quero que escolha aquilo que mais te agrada: assistir um filme infantil, ir no *playground*, pintar ou brincar de algo que você tenha vontade". O importante é esse momento ser só de vocês dois, momento de aproximação e cumplicidade. Doe seu tempo, com certeza este é o maior presente que seu filho precisa. Não dê presente, seja um pai e uma mãe presente.

Se seu filho se sentir confiante e ter a certeza do amor, atenção e carinho dos pais, a possibilidade de sentir ciúmes do irmãozinho é mínima.

A presença do pai é fundamental neste momento. Enquanto a mãe cuida do bebê, o pai pode aproveitar a oportunidade para ter um momento a sós com o primogênito sugerindo opções de atividades como: andar de bicicleta na pracinha, jogar futebol, montar um quebra-cabeça, um passeio ao zoológico. Dê oportunidades para a criança escolher.

Diga a ela: "Nós temos um tempo só nosso e o papai pensou em quatro atividades que poderíamos escolher para realizar. O que você acha da ideia? Ou você tem outra sugestão, qual?" Aproveite este tempo para ampliar o vínculo com seu filho.

Eu vivi este momento de uma forma muito linda com o meu primogênito. Eu trabalhava apenas no turno da manhã, e a tarde toda era para estar com ele. Aproveitava a oportunidade quando íamos tirar a soneca depois do almoço, para contar historinhas sobre a chegada do irmãozinho, falava do seu desenvolvimento dentro da barriga, e quando chegasse a hora do nascimento, que no meu caso ocorreria através da cesárea. Ele viria para trazer mais alegrias ao nosso lar, assim como foi com a chegada dele.

Ele acariciava minha barriga, sentindo os movimentos do irmão. Ficava muito feliz quando sentia os movimentos do bebê, e dizia que o irmão estava chutando... Ele ajudou a escolher roupinhas, e até o brinquedo para levar ao hospital para dar de presente quando o irmão nascesse. O meu primogênito criou uma expectativa tão grande pelo nascimento do irmão que até o nome foi ele que escolheu. E hoje, o Tiago é grato ao irmão pela escolha do nome! Quando o irmão nasceu, ele foi visitá-lo levando um presente que escolhera e lá no hospital havia um presente para ele também. Lá no hospital assistimos a uma cena inesquecível: ele não queria retornar para casa sem o irmão. Daí combinamos que quando o médico, Dr. Gerson, o pediatra, que para ele era um herói por ter matado uma cobra na calçada, autorizasse o bebê a ir para casa ele iria junto para buscá-lo. Aproveitei cada momento que estava com o bebê para mostrar ao primogênito Vanderson, que ele também tinha vivenciado cada uma daquelas situações... Mostrava o álbum de fotos, ele mamando, tomando banho, brincando. Ele tinha oportunidade de ver que tinha passado por cada uma das fases que o irmão estava passando. Meu primogênito crescia com boa autoestima, eu ressaltava suas qualidades e a importância de ser o mais velho. Ter um irmão que será seu amigo para vida toda...

Resultado: eles tiveram uma infância de muito afeto, respeito, cumplicidade e amor.

Um foi muito presente na vida do outro. Hoje, adultos, continuam grandes amigos, o melhor amigo um do outro!

Emociono-me quando vejo as mensagens que um posta nas redes sociais em relação ao outro. Tenho certeza de que o elo de amor que une os dois será para sempre! O amor será verdadeiramente o maior legado que estou deixando de herança para eles.

Estratégia para trabalhar as emoções usando nossos sonhos

Contem para seus filhos os seus sonhos mais importantes e ouça deles suas aspirações, alegrias e decepções.

Nossos filhos precisam da nossa atenção, carinho e presença. Na verdade, eles precisam de pais presentes e não só de presentes.

Que possamos tirar uma noite na semana para dialogarmos (com tevê, telefone e *iPad* desligados), em que cada um tenha a oportunidade de falar sobre sua semana, sobre seus sentimentos e emoções, e que no final cada um possa responder à seguinte pergunta: De que maneira cada um de nós pode contribuir para que existam mais harmonia e felicidade em nossa família? Para que possamos ser ainda mais amigos?

Procure surpreender seus filhos, demonstrando uma reação diferente diante de um erro cometido. Eles esperam castigos, gritos ou ameaças. E você surpreende falando com amor, como ele poderá agir na próxima vez em que enfrentar aquela situação.

Procure ser verdadeiro e sincero com seus filhos. Eles te amarão e respeitarão por isso. Não banque o super-herói, seja autêntico e transparente e você conquistará a admiração, o respeito e o amor incondicional deles.

Lembre sempre: nós educamos pelo exemplo. Nós somos modelo para eles.

Mostre para seu filho a pessoa que você é na íntegra. Içami Tiba escreveu: "Quem ama, educa!".

Ensine seu filho a ser empático, a colocar-se no lugar do outro, a tratar o outro como gostaria de ser tratado, a fazer e manter amigos.

> "Pais bonzinhos são "bobinhos", pois estão financiando a falta de formação e de educação (formação do futuro cidadão ético). Pais poupadores, que não impõem o cumprimento das obrigações dos filhos nem cobram bons resultados podem formar "príncipes esperadores" de heranças e de prêmios sem comprar bilhetes no lugar de terem filhos empreendedores." Içami Tiba

Fale das suas emoções e ensine seus filhos a pensar sobre elas. Ao falar como se sentem, a identificarem como o outro se sente. Aproveite para usar emoções que intensifiquem o vínculo entre irmãos, o que um pode fazer pelo outro, como podem crescer juntos, e até mesmo inventar jogos em que um fale sobre o outro, fortalecendo assim a união entre os irmãos.

Crie oportunidades em que os irmãos possam realizar atividades juntos: como cuidar de um animalzinho de estimação, as plantinhas na horta ou no jardim, prepararem um lanche ou prepararem o café da manhã do domingo para os pais. Com certeza esses momentos vividos por eles irão gerar mais cumplicidade e serão guardados em suas memórias, como especiais, únicos.

Não minta para seus filhos. Se a criança perceber alguma emoção em você e perguntar, confirme; não lhe ensine a mascarar sentimentos. Não ensine a fingir, dissimular. Não peçam nunca para seus filhos confirmarem uma mentira. Não mintam, mas sim oriente-os para dizerem sempre a verdade. Crie seus filhos num ambiente de respeito, compreensão, confiança, amor e verdade, mesmo quando for desagradável.

Trabalhando com crianças, acredito tê-las ajudado a gerenciarem suas emoções. Eu as desafiava a falarem sobre as emoções que sentiam, a representarem através de desenhos. As emoções saudáveis deviam ser guardadas no coração enquanto as negativas seriam escritas num papel para ser colocado numa lixeirinha.

Identificando as emoções:

Converse com o seu filho sobre as emoções que está sentindo, ajude-o a identificar a emoção e falar o nome correto: tristeza, aborrecimento, medo, ira, raiva, frustração, susto. Se você ainda não assistiu ao filme *Divertida-mente*, convido-o a assistir com seus filhos e observar qual emoção está falando naquele momento: É o Medo? É a Tristeza?

Procure não recriminar sentimento algum, pois é impossível a criança evitar. Mostre a ela que qualquer criança pode sentir aquela sensação. Ela vai saber identificar quando outros se sentirem dessa forma e se sentirá aliviada.

Quando seu filho sentir medo, não menospreze e nem ridicularize. Por exemplo, o medo de dormir no escuro costuma passar com o tempo.

Você pode fazer um carinho, colocar no colo, dar um abraço e acender um abajur. Pode explicar que para termos um melhor sono, é importante ter pouca luz. Que o escuro é para descansarmos, repousarmos...

Evite subestimar ou ignorar o medo da criança. Para a criança o que ela está sentindo é real e sério. Demonstre que você entende e acolha o que ela está sentindo.

Você pode dizer: entendo que se sente inseguro com a luz apagada, o que poderíamos fazer para você se sentir mais seguro?

Quando a criança tem medo do monstro, uma boa saída é convidá-la a deixar o monstro engraçado. O que você sugere colocar nele: um nariz de elefante, uma saia de bailarina ou uma roupa de palhaço?

Meu filho mais novo, durante as noites, tinha medo de um urso enorme que o irmão tinha ganhado de presente. A solução que ele encontrou era antes de deitar colocar o urso no chão, e o medo desaparecia...

Escrevendo sobre a emoção medo veio a minha mente a lembrança da minha infância. Infelizmente cresci tendo muito medo de cachorro, muitas vezes atravessava a rua para não passar próximo a um. O que mais me incomodava eram as pessoas pensarem que eu não gostava de cachorros, o medo me paralisava. Meu coração disparava... Graças a Deus o ano passado, na última sessão de *coaching* com a psicóloga e *coach* Laura Cavalcanti, aos 56 anos, fui liberta do medo de cachorro e entendi que aquele medo era a forma de dizer "estou aqui, preciso de atenção". Hoje já tenho fotos com cachorro no colo. Defino este momento como minha SuperAção!

Se a criança tem medo de animais, cachorro, por exemplo, de nada adianta você dizer que não tem por que ter medo de cachorro, não se preocupe... Dessa maneira você estará passando a mensagem de que não se importa com o sentimento dela. Experimente dizer à criança: "Eu estou com você e sei que se assusta com o cachorro. De que forma posso te ajudar a enfrentar a situação? Se quiser posso passar de mãos dadas com você, ou se preferir posso te pegar no colo."

Içami Tiba defende a ideia de que existe o "sim" e o "não". A criança precisa ouvir a palavra não, porque se receberem apenas sim se tornarão adultos sem gratidão, sem civilidade e senso de ética. Vão achar que podem tudo e no primeiro momento, quando contrariados na vida, se desestruturam.

Pais e mães devem procurar ajudar os filhos a se tornarem cidadãos do mundo, cidadãos independentes.

As mães devem ter o cuidado para não tentarem compensar sua ausência, quando trabalham fora, por exemplo, e permitem tudo. Acesso à internet, tevê, videogames, telefones em tempo integral.

É necessário melhorar a convivência, aumentar o relacionamento com os filhos, elevar a autoestima e aumentar a troca afetiva.

É preciso ter cuidado para não proteger a criança da frustração. Ouvir um não de vez em quando é uma forma de ajudar a criança a enfrentar as dificuldades que possa encontrar. Procure não voltar atrás quando seu filho chora diante de um não. Muitos pais nessa hora cedem para não verem o filho chorar e pensam que solucionaram o problema. Na verdade, estão perdendo um excelente momento de ensiná-lo a enfrentar uma frustração.

Procure não ignorar os sentimentos das crianças. Use este momento para se tornarem mais próximos e as auxiliarem a lidar com suas emoções.

Não reprima os sentimentos dos filhos, demonstre respeito pelo que eles estão sentindo. Permita que expressem suas emoções.

É necessário prestarmos atenção para não superprotegermos ou mimarmos nossos filhos, pois em vez de ajudarmos poderemos prejudicá-los, e assim acabarem se tornando adultos infelizes, insatisfeitos e inseguros.

Cuidado para não fazermos de nossos filhos uma extensão nossa, querendo dar tudo aquilo que nós não tivemos ou querendo que eles sejam aquilo que gostaríamos de ter sido.

Acredite, seu filho é único, tem uma história única. Deus nos fez com uma forma única, ninguém é igual a ninguém. Seu filho tem talentos, dons, aptidões, sonhos e vontades diferentes das suas. Nunca compare um filho com o outro, respeite a individualidade de cada um. Evite comparações com irmãos ou até mesmo com outras crianças. Cada criança é única, e como tal deve ser respeitada. Comparações são sempre prejudiciais e servem apenas para baixar a autoestima deles.

Seja verdadeiro com seu filho, abra o seu coração, escute-o, aprenda com ele. Procure dar limites a ele, saiba dizer não quando necessário, não dê tudo o que ele quer. Ele pode ser mais prejudicado por não ter ouvido um não do que por ter ficado chateado ao ter um pedido negado ou por ter sido repreendido por um inadequado comportamento.

Permita que seus filhos conheçam o seu mundo, que eles se encantem com a sua história, conte sobre as dificuldades que enfrentou, fale da sua infância, adolescência e vida adulta, comente sobre seus sonhos, os capítulos alegres de sua vida.

"Bons filhos conhecem o prefácio da história de seus pais, filhos brilhantes conhecem os capítulos mais importantes das suas vidas". Augusto Cury

Converse com seus filhos, pergunte:
"O que está acontecendo com você?"
"Você precisa de mim?"
"Você tem vivido alguma decepção?"

Ensine-o a ter gratidão. Gratidão pela vida, pelo alimento, pelo teto, pela roupa, pela saúde, pela escola, pelas pessoas, por Deus.

Referências
TIBA, Içami. *Quem ama, educa!* São Paulo: Editora Gente, 2002.
CURY, Augusto. *O vendedor de sonhos: o chamado.* 7 ed. São Paulo: Academia, 2008.

24

Educação financeira na infância: o verdadeiro tesouro para uma vida de sucesso!

Neste capítulo, quero contribuir com as famílias para que entendam a importância da educação financeira na infância para a formação de um adulto autoconfiante e próspero. Falo isso com propriedade porque recebi esta educação que permeou meu ser e foi a grande responsável pela minha autonomia e liberdade financeira na vida adulta

Vilma Farias

Vilma Farias

Mãe da Manuella e *coach* de pais e filhos. Pedagoga. Pós-graduada em Psicopedagogia clínica e KidCoach. Atua na direção do Colégio Bela Vista-SP. Coautora do Livro "Histórias inspiradoras para mulheres que desejam se reinventar". "Minha missão é inspirar e transformar a criança, por meio da educação, a firmar a autoconfiança e expandir talentos para a construção de um mundo melhor." Vilma Farias

Contatos
diretoriacbv@gmail.com
vilma_cbv@yahoo.com.br

Cada vez mais torna-se evidente para as famílias que educar financeiramente os filhos não é uma tarefa fácil, mas necessária. Por isso, desenvolvo anualmente projetos pautados nos princípios da educação financeira e, frequentemente, deparo-me com dúvidas das famílias sobre esse tema, pois algumas almejam que seus filhos entendam o real valor do dinheiro. Há famílias que passam dificuldades para consegui-lo e, por isso, as crianças são educadas com foco na manutenção do patrimônio adquirido ao longo dos anos.

Já outras famílias não ensinam para seus filhos a preocupação com a taxa de juros ou matemática financeira, mas instruem sobre os cuidados que o dinheiro necessita, como atenção, honestidade e ética, características eficazes para a formação de uma criança consciente de sua responsabilidade com a sociedade e o planeta.

Meu objetivo ao desenvolver projetos de educação financeira com as crianças não é transmitir para elas somente aulas de matemática e planilhas de custo, porque para a criança tudo isso perderia o encanto, mas inspirá-las por meio do lúdico. Quero despertar talentos, para que a criança compreenda que, com responsabilidade, podemos usufruir com alegria aquilo que o dinheiro pode nos proporcionar. Incentivo um relacionamento dinâmico e divertido entre as crianças, com respeito a si mesmo e ao próximo, por meio de atividades que envolvam atos solidários com o propósito de diminuir a cultura do imediatismo e enfatizar o consumo consciente que desencadeará a prosperidade.

Não julgo a maneira como cada família educa financeiramente seus filhos, pois a educação provém do propósito de cada uma e, na maioria das vezes, está pautada nas crenças limitantes que cada núcleo familiar adquiriu ao longo da construção da sua história de vida. Apenas aconselho os pais a conversarem e estimularem a educação financeira nos lares.

Vocês já pararam para pensar em quantas crenças limitantes temos com o dinheiro? E onde a maioria dessas crenças nasce?

Na infância! Isso mesmo! Muitas crenças vêm da infância, principalmente das conversas que escutávamos dos nossos pais e avós sobre dinheiro. Então, passamos a não ter a educação financeira favorável para aprimorarmos nossas habilidades emocionais diante dos processos que envolvem questões financeiras e principalmente de compra.

Mas a boa notícia é que podemos ressignificar as nossas crenças. Observe algumas crenças que já ouvimos por aí com relação ao dinheiro, para atribuirmos novos significados.

- Crença: "Dinheiro é sujo. Vá lavar as mãos!"
- Ressignificação: "Dinheiro é limpo como a fonte da prosperidade!"
- Crença: "Dinheiro não nasce em árvore."
- Ressignificação: "Dinheiro germina no chão como o feijão!"
- Crença: "Dinheiro não traz felicidade!"
- Ressignificação: "Dinheiro no bolso, sorriso no rosto!"

Quando falamos de maneira desfavorável com as crianças sobre o dinheiro, ou simplesmente omitimos o verdadeiro valor dele, ficamos dependentes! Afinal, dependemos do recebimento dele para pagar as contas.

Temos que ter as rédeas da vida financeira em nossas mãos, porque só assim conquistaremos a autonomia com o dinheiro sem prejudicarmos a nossa liberdade para realizar pequenos, médios e grandes sonhos. Por isso, as crianças necessitam aprender que tudo o que desejamos realizar sem olhar para a parte financeira não vai acontecer de modo satisfatório, pois contaremos com a sorte.

Não deixe que seu lar transforme-se em um lugar de individualismo, com membros que não conseguem traçar sonhos ou conversar sobre as despesas. Escreva uma linda história junto à família, pois tenho certeza de que quando terminar de ler este capítulo chegará a um porto seguro.

Atualmente, trabalho como diretora de uma escola e desenvolvo projetos de educação financeira por meio da parceria escola/família e comunidade e, certamente, percebo que as famílias estão mais ansiosas quanto ao futuro dos filhos. A falta de tempo devido à competitividade no mercado de trabalho desencadeia, muitas vezes, a sensação de culpa, então muitos pais fazem a compensação afetiva, ou seja, dá presentes para a criança sem conversar sobre a importância de poupar para realizar sonhos.

Sim! Precisamos falar de sonhos com as crianças, pois uma vida sem sonhos é sem objetivo. Você fala de sonho com sua família? Então, a proposta deste capítulo é refletir junto com você sobre educação financeira na Infância e sua influência no desenvolvimento de um adulto bem-sucedido. Sei que a maioria das famílias comenta sobre ganhos e custos, mas poucas conversam sobre o verdadeiro valor do dinheiro com seus filhos.

Por isso, agradeço aos meus pais! Desde os três anos de idade, eu já tinha noção da existência do dinheiro, pois recebia cédulas de baixo valor para pagar guloseima ou simples brinquedos. Tudo acontecia no seu devido tempo e de forma natural. Meus pais explicavam por meio de brincadeiras que o dinheiro era necessário para fazer compras, pagar a luz, a água e que precisávamos economizar os recursos naturais, porque além de ajudar o meio ambiente poderíamos usar o dinheiro da economia para comprarmos bens necessários. Sou oriunda de uma família humilde, mas abundante no quesito financeiro e gratidão. Minha mãe sempre nos ensinou a agradecer aquilo que já possuíamos, além de traçarmos novos sonhos.

Aos quatro anos de idade, minha mãe levou a mim e minha irmã ao banco e abriu uma poupança para nós duas. No ato, recebemos um cofrinho com formato de botas e minha mãe explicou que aquelas botas eram mágicas e que guardariam todas as moedas que ganhássemos. Naquela época, nossa família fazia escambo porque minha mãe tinha muitos irmãos que ofereciam aquilo que tinham em abundância em suas casas. Tudo era feito com gratidão e respeito!

Muitas vezes, nossos familiares nos presenteavam com pequenas quantias em moedas ou cédulas e íamos guardando dentro daquelas botinhas mágicas. Quando estavam cheias, íamos ao banco com nossa mãe. Entregávamos com orgulho nossas botinhas que eram abertas e escutávamos o tilintar daquelas moedas rolando na máquina. Isso era mágico! No final, o caixa nos entregava o valor depositado. Percebemos que o dinheiro sempre aumentava e como dizia minha mãe: "Esse é o pé de meia para usar em imprevistos da vida."

Os anos passaram e a poupança aumentou, mas aprendemos que diante dos apelos do grupo de amigos nossos valores familiares falavam mais alto, éramos crianças gratas e sabíamos cuidar daquilo que não era nosso. Um pouco mais crescidas, eu e minha irmã solicitamos mais dinheiro aos nossos pais. Espertos, eles começaram a nos presentear com mesadas para não perdermos o controle do valor que nos era dado. A mesada não era uma barganha ou uma troca de serviços, porque criança não trabalhava, mas era mais um degrau para nossa autonomia financeira, porque a mesada era utilizada para nossos pequenos gastos. E as botinhas? Elas continuavam guardando o dinheiro que recebíamos de presente dos parentes.

Em casa, nos reuníamos em volta da mesa quando meu pai chegava tarde do trabalho, mas ele nunca reclamava por trabalhar e sempre agradecia a oportunidade de trazer para casa o sustento da família. Por isso, aprendemos desde cedo que o trabalho servia para custear nossas despesas e que deveríamos no futuro trabalhar com uma missão e não simplesmente pelo dinheiro. Quando temos uma missão, a vida fica mais tranquila, pois aprendemos a importância da solidariedade.

Aprendemos a não desperdiçar o que a natureza nos oferecia, reaproveitávamos tudo, inclusive às quartas-feiras recebíamos a visita de uma tia querida que ensinava a cozinhar com cautela e carinho.

Para realizarmos nossos sonhos precisávamos de paciência e comprometimento com aquilo que a família almejava, pois tudo era conversado. Se a família estava com alguma dificuldade, logo todos tratavam de contribuir.

E como ficaram as botinhas? Com o passar do tempo, compramos um dos primeiros imóveis da família.

Por isso, é fundamental que as mães conversem com seus filhos para que não fiquem frustrados em seus mundos. Lembre-se de que você é a inspiração do seu filho.

> Estamos na era da admiração. Ou seus filhos o admiram ou você não terá influência sobre eles. A verdadeira autoridade e o sólido respeito nascem através do diálogo. (CURY, 2002, p. 95).

Faça uso do diálogo em sua casa. Não deixe que a falta de respeito tome conta do seu lar, oriente seu filho, e quando você começar a presentear seu filho com a mesada, não utilize como pagamento de troca de serviços, mas como consumo consciente. Se ele cometer erros e consumir mais do que ganhou, deixe-o sofrer as consequências com a ausência de planejamento, explique novamente porque é necessário que haja um acolhimento por parte da família, exercendo seu papel e estimulando a criança a persistir diante dos erros sem que haja sanções radicais.

Então, prepare-se para desvendar o caminho para a riqueza de uma infância feliz e próspera.

Primeiro estabeleça uma conversa natural e divertida com seu filho, mostre que a vida sem sonhos é como as folhas de um caderno em branco, porque somos o resultado daquilo que sonhamos.

Cada família deve mostrar para a criança quais são os valores e a missão para que ela conquiste forças saudáveis para o seu desenvolvimento pleno.

Eu sempre recomendo às famílias que comecem o mais cedo possível a ensinar a criança a apreciar a natureza, pois assim retemos recursos e aumentamos nosso poder de compra de produtos ou serviços necessários. Precisamos inspirar a criança a exercer algo natural da infância, que é o mundo da fantasia e, por isso, recomendo aos familiares lerem as obras de Álvaro Modernell, como O pé de meia mágico, Zequinha e a Porquinha, Quero ser rico, rico de verdade, entre outros. Cada obra retrata de maneira lúdica a importância do poupar para realizar sonhos.

A leitura de histórias infantis contribui para a criança visualizar o comportamento emocional de cada personagem e, assim, imitar alguns exemplos. Estimule seu filho e desenvolva brincadeiras, como um mês do controle de gastos e, depois, passe a presenteá-lo com semanadas e anote os gastos semanais. Crie uma rotina, com um dia por semana para reunião familiar com pequenos debates e assistam a propagandas infantis, mostrando aos filhos como certas propagandas ou programas podem influenciar negativamente suas vidas.

Cada família deve estabelecer a idade certa para disponibilizar dinheiro para a criança e dialogar com ela sobre a aquisição de brinquedos, elencando períodos certos para a compra de cada presente.

Confeccione junto com seu filho um cartaz com fotos dos objetos de desejo infantil, faça cofrinhos a partir de materiais reutilizáveis, estabeleça datas de acordo com a ilustração do desejo de consumo para a criança poupar e adquirir. Fotografe os momentos das conquistas para que seu filho visualize e use essa visualização como uma âncora nos momentos de frustração.

Faça uma lista de compras junto à criança, priorize uma

alimentação saudável na família e passe uma tarde divertida com seu filho, levando-o ao supermercado ou feiras livres, pesquisando juntos os preços e as datas de validade.

Outra ótima opção é fazer uma pequena horta em casa e convide seu filho para cuidar e acompanhar a germinação. Mostre que a natureza possui o tempo certo para se desenvolver, assim como nossos sonhos. Aproveite para trabalhar o conceito da sustentabilidade.

Façam receitas com reaproveitamento de alimentos e promovam piqueniques em praças junto com outras famílias.

Se você realizar algumas das sugestões: os laços afetivos com sua família serão fortalecidos, pois crianças adoram brincadeiras e todas promovem a autonomia e o consumo consciente.

O primordial na educação financeira não é somente o ensino da matemática e a intimidade com as planilhas, mas são as condutas adotadas pela família.

Essas vivências, além de favorecerem a orientação, o hábito e a construção da identidade, contribuirão para o desenvolvimento integral da criança. É essencial que a família demonstre para a criança a nossa relação com o dinheiro.

Para Winnicott (2005), os vínculos afetivos que são formados desde o nascimento são de extrema importância para o desenvolvimento emocional sadio de uma criança e, consequentemente, para que ela seja um adulto completo e sem problemas. O papel que a mãe desempenha primeiro com o bebê se torna insubstituível, e o papel da família é de fundamental relevância para o seu crescimento saudável.

Desde cedo é importante que cada familiar ressignifique e ensine a criança a vencer as tentações do consumismo. A era digital e a globalização aceleram o pensamento da criança, pois elas são expostas a diversas informações e às tentações do consumismo porque vivemos em busca constante da felicidade e, muitas vezes, o simples ato de comprar significa para muitas pessoas a própria felicidade. Mas o consumo infantil desenfreado não traz felicidade para a criança, apenas cobre por um período a falta de afetividade e os vínculos familiares distanciados. Os pequenos precisam saber o valor das coisas, pois antes de "ter", elas precisam "ser". A educação financeira não deve ser pautada em uma competição que gera a satisfação individual, mas é decorrente de uma vida pautada nos valores e na missão de sua família. Concomitantemente, levar a criança a refletir que diante das dificuldades financeiras não se deve prevalecer o sentimento de incompetência, uma vez que a paciência faz parte do processo e as dificuldades financeiras que aparecerão são degraus. Pesquisas afirmam que a felicidade reside nas pequenas coisas da vida, mas vivemos momentos frenéticos, ansiosos, correndo atrás das coisas que ainda não temos e talvez nem tenhamos tempo suficiente para aproveitar. Precisamos ensinar as crianças que não devemos abandonar nossos sonhos, mas vivenciar intensamente com alegria aquilo que já possuímos.

A família não pode terceirizar o relacionamento com o dinheiro, a comunicação entre pais e filhos necessita ser clara e com a firmeza necessária. Na dinâmica familiar, "cada um deve ensinar algo ao outro" para ter uma troca afetiva, um diálogo com regras e acordos específicos e claros. Este tempo de qualidade com a criança estabelece os sonhos e as prioridades da família, bem como ressalta a importância da educação financeira na infância, que tornarão a criança um adulto seguro, próspero e com ótimo relacionamento com ele mesmo, as pessoas e o planeta.

Referências
ARANTES, V. A. *Afetividade na escola: alternativas teóricas e práticas*. São Paulo: Atlas, 2003.
CURY, Augusto. *Pais brilhantes professores fascinantes*. DIAS, L. Carmem. Curso de Extensão Família e Escola. Presidente Prudente: Unoeste, 2010.
JUUL, Jesper. *Criando uma família competente*. Osasco, SP: Novo Século Editora. 2009.
PARREIRA, *Vera Lúcia Casari*; MATURANO, Edna M. Como ajudar seu filho na escola. São Paulo: Ave-Maria, 1999 (Coleção educacional e família).
SESSA, Tatiana. *E agora?: Meu filho não gosta de estudar!* 2 ed. Rio de Janeiro, Best-seller, 2011.
STUART, Susanna. *Ensine seu filho a cuidar do dinheiro*. São Paulo: Editora Gente.
WINNICOTT, Donald Woods. *A família e o desenvolvimento individual*. Trad. Marcelo Brandão Cipolla. São Paulo: Editora Martins, 1983.

Impressão e acabamento
Rotermund
Fone (51) 3589 5111
comercial@rotermund.com.br